高等学校应用型特色规划教材　经管系列

统计软件应用与实训教程

李士华　编著

清华大学出版社
北　京

内 容 简 介

本书最大的特点就体现在其应用性方面，强调统计学理论在实践中的应用。本书将详尽介绍SPSS的操作过程，通过学习掌握数据的收集整理、描述统计分析、探索性分析、假设检验、相关与回归分析、系统性数据分类、因子分析以及多元统计分析的计算、建模与解释分析等方法。

本书以实训的形式组织内容，简单介绍实验的目的与原理，尽量详尽介绍SPSS的实际操作过程，突出SPSS的实用性，并对SPSS执行的结果做详细的解读。本书可以很好地辅助统计学的教学，可以作为统计学类课程课内实践环节的有效支持，培养学生解决实际问题的技能。

本书封面贴有清华大学出版社防伪标签，无标签者不得销售。

版权所有，侵权必究。举报：010-62782989，beiqinquan@tup.tsinghua.edu.cn。

图书在版编目(CIP)数据

统计软件应用与实训教程/李士华编著. —北京：清华大学出版社，2019（2022.12重印）
(高等学校应用型特色规划教材　经管系列)
ISBN 978-7-302-52101-3

Ⅰ. ①统… Ⅱ. ①李… Ⅲ. ①统计分析—应用软件—高等学校—教材 Ⅳ. ①C819

中国版本图书馆 CIP 数据核字(2019)第 011264 号

责任编辑：温　洁
版式设计：杨玉兰
责任校对：周剑云
责任印制：宋　林

出版发行：清华大学出版社
网　　址：http://www.tup.com.cn, http://www.wqbook.com
地　　址：北京清华大学学研大厦A座　　邮　编：100084
社 总 机：010-83470000　　　　　　　　　邮　购：010-62786544
投稿与读者服务：010-62776969, c-service@tup.tsinghua.edu.cn
质量反馈：010-62772015, zhiliang@tup.tsinghua.edu.cn
课件下载：http://www.tup.com.cn, 010-62791865

印 装 者：三河市少明印务有限公司
经　　销：全国新华书店
开　　本：185mm×230mm　　印　张：10.75　　字　数：233千字
版　　次：2019年3月第1版　　　　　　　　印　次：2022年12月第7次印刷
定　　价：27.00元

产品编号：078423-01

出版说明

  应用型人才是指能够将专业知识和技能应用于所从事的专业岗位的一种专门人才。应用型人才的本质特征是具有专业基本知识和基本技能，即具有明确的职业性、实用性、实践性和高层次性。进一步加强应用型人才的培养，是"十三五"时期我国经济转型升级、迫切需要教育为社会培养输送各类人才和高素质劳动者的关键时期，也是协调高等教育规模速度与培养各类人才服务国家和区域经济社会发展的重要途径。

  教育部要求今后需要有相当数量的高校致力于培养应用型人才，以满足市场对应用型人才需求量的不断增加。为了培养高素质应用型人才，必须建立完善的教学计划和高水平的课程体系。在教育部有关精神的指导下，我们组织全国高校的专家教授，努力探求更为合理有效的应用型人才培养方案，并结合当前高等教育的实际情况，编写了这套《高等学校应用型特色规划教材》丛书。

  为使教材的编写真正切合应用型人才的培养目标，我社编辑在全国范围内走访了大量高等学校，拜访了众多院校主管教学的领导，以及教学一线的系主任和教师，掌握了各地区各学校所设专业的培养目标和办学特色，并广泛、深入地与用人单位进行交流，明确了用人单位的真正需求。这些工作为本套丛书的准确定位、合理选材、突出特色奠定了坚实的基础。

✧ 教材定位

- 以就业为导向。在应用型人才培养过程中，充分考虑市场需求，因此本套丛书充分体现"就业导向"的基本思路。
- 符合本学科的课程设置要求。以高等教育的培养目标为依据，注重教材的科学性、实用性和通用性。
- 定位明确。准确定位教材在人才培养过程中的地位和作用，正确处理教材的读者层次关系，面向就业，突出应用。
- 合理选材、编排得当。妥善处理传统内容与现代内容的关系，大力补充新知识、新技术、新工艺和新成果。根据本学科的教学基本要求和教学大纲的要求，制订编写大纲(编写原则、编写特色、编写内容、编写体例等)，突出重点、难点。
- 建设"立体化"的精品教材体系。提倡教材与电子教案、学习指导、习题解答、课程设计、毕业设计等辅助教学资料配套出版。

✧ 丛书特色

- 围绕应用讲理论，突出实践教学环节及特点，包含丰富的案例，并对案例作详细解析，强调实用性和可操作性。
- 涉及最新的理论成果和实务案例，充分反映岗位要求，真正体现以就业为导向的培养目标。
- 国际化与中国特色相结合，符合高等教育日趋国际化的发展趋势，部分教材采用双语形式。
- 在结构的布局、内容重点的选取、案例习题的设计等方面符合教改目标和教学大纲的要求，把教师的备课、授课、辅导答疑等教学环节有机地结合起来。

◇ 读者定位

本系列教材主要面向普通高等院校和高等职业技术院校，适合应用型、复合型及技术技能型人才培养的高等院校的教学需要。

◇ 关于作者

丛书编委特聘请执教多年且有较高学术造诣和实践经验的教授参与各册教材的编写，其中有相当一部分教材的主要执笔者是精品课程的负责人，本丛书凝聚了他们多年的教学经验和心血。

◇ 互动交流

本丛书的编写及出版过程，贯穿了清华大学出版社一贯严谨、务实、科学的作风。伴随我国教育改革的不断深入，要编写出满足新形势下教学需求的教材，还需要我们不断地努力、探索和实践。我们真诚希望使用本丛书的教师、学生和其他读者提出宝贵的意见和建议，使之更臻成熟。

清华大学出版社

前　言

对于学科建设，无论文科还是理工科，均会涉及社会经济数据以及实验数据的统计处理，因而，不同的学科均需要建设专门的统计软件应用来解决各自学科的数据处理需求。同时，社会经济的快速发展，使数据挖掘在金融、物流、医疗、电信等产业经济相关部门得到广泛的应用，对数据进行有效的管理，可以为决策提供有效的支持，从而获得直接和间接的经济效益。可见，学科建设方面，无论是研究型、应用型、还是综合型的大学，均需要培养熟练掌握统计数据处理的人才，以满足学科建设以及经济发展对于数据分析的需求。

SPSS 是国内外科学研究中最常用的统计分析软件之一，SPSS 使用 Windows 的窗口方式展示各种管理数据和分析方法的功能，使用对话框展示各种功能选项，清晰、直观、易学、易用，广泛地应用于自然科学和社会科学的各个领域，发挥了巨大的作用。只要掌握基本的 Windows 操作技能和统计学原理，便可应用 SPSS 软件为特定的科研和经济数据提供处理服务。

本书最大的特点就体现在其应用性方面，强调统计学理论在实践中的应用。本书将详尽介绍 SPSS 的操作过程，通过学习掌握数据的收集整理、描述统计分析、探索性分析、假设检验、相关与回归分析、系统性数据分类、因子分析以及多元统计分析的计算、建模与解释分析等方法。

本书以实训的形式组织内容，简单介绍实验的目的与原理，尽量详尽介绍 SPSS 的实际操作过程，突出 SPSS 的实用性，并对 SPSS 执行的结果做详细的解读。本书可以很好地辅助统计学的教学，可以作为统计学类课程课内实践环节的有效支持，培养学生解决实际问题的技能。

另外，本书虽采用汉化版软件演示操作过程，但全书尽量结合英文版界面加注了英文，因此，也可以作为学习英文版 SPSS 软件的参考用书。本书在编写的过程中，参考了国内同行的相关教材，在此表示感谢。

由于编者水平有限，书中或许存在疏忽与遗漏，恳请广大读者批评指正。

目 录

第 1 章 SPSS 基础 1
1.1 SPSS 概述 1
1.1.1 SPSS 简介 1
1.1.2 SPSS 的安装 1
1.2 SPSS 的界面初识 5
1.2.1 SPSS 的启动 5
1.2.2 SPSS 的主窗口 5
1.2.3 SPSS 的菜单 7
1.2.4 SPSS 的退出 7
1.2.5 SPSS 的帮助系统 8

第 2 章 SPSS 的数据管理 9
2.1 实训目的与基本原理 9
2.1.1 实训目的与要求 9
2.1.2 实训的基本原理 9
2.2 实训内容与步骤 10
2.2.1 创建一个数据文件 10
2.2.2 读取外部数据 11
2.2.3 数据编辑 12
2.2.4 数据的保存 14
2.2.5 数据整理 14
2.3 实训项目 22

第 3 章 描述统计 24
3.1 实训目的与基本原理 24
3.1.1 实训目的与要求 24
3.1.2 实训的基本原理 24
3.2 实训内容与步骤 25
3.2.1 频数分析 25
3.2.2 描述统计 31
3.2.3 探索分析 34
3.3 实训项目 43

第 4 章 均值比较和 T 检验 45
4.1 实训目的与基本原理 45
4.1.1 实训目的与要求 45
4.1.2 实训的基本原理 45
4.2 均值过程 46
4.2.1 均值过程的定义 46
4.2.2 实现步骤 46
4.3 单样本 T 检验 48
4.3.1 单样本 T 检验的原理 48
4.3.2 操作步骤 49
4.4 两独立样本 T 检验 51
4.4.1 基本原理 51
4.4.2 操作步骤 52
4.5 配对样本 T 检验 54
4.5.1 基本原理 54
4.5.2 操作过程 54
4.6 实训项目 57

第 5 章 方差分析 58
5.1 实验目的与基本原理 58
5.1.1 实验目的与要求 58
5.1.2 实验的基本原理 58
5.2 单因素方差分析 59
5.2.1 单因素方差的使用条件和基本原理 59
5.2.2 操作过程 60
5.3 多因素方差分析 68
5.3.1 多因素方差分析的定义和基本原理 68

5.3.2　操作过程 69
　5.4　协方差分析 74
　　　5.4.1　协方差的定义和基本原理 74
　　　5.4.2　操作过程 75
　5.5　实训项目 79

第 6 章　相关分析 81
　6.1　实训目的与基本原理 81
　　　6.1.1　实训目的与要求 81
　　　6.1.2　实训的基本原理 81
　6.2　简单相关分析 83
　　　6.2.1　双变量过程 83
　　　6.2.2　操作过程 83
　6.3　偏相关分析 87
　　　6.3.1　偏相关分析的基本原理 87
　　　6.3.2　偏相关分析的操作过程 88
　6.4　距离相关分析 91
　　　6.4.1　距离相关分析的定义和基本
　　　　　　 原理 91
　　　6.4.2　距离相关分析操作过程 92
　6.5　实训项目 96

第 7 章　回归分析 98
　7.1　实训目的与基本原理 98
　　　7.1.1　实训目的与要求 98
　　　7.1.2　实训的基本原理 98
　7.2　一元线性回归分析过程 99
　　　7.2.1　线性回归分析的基本步骤 99
　　　7.2.2　操作过程 100
　7.3　多元回归分析过程 106
　　　7.3.1　多元回归模型 106
　　　7.3.2　多元回归实例分析 107
　7.4　实训项目 113

第 8 章　分类分析 116
　8.1　实训目的与基本原理 116
　　　8.1.1　实训目的与要求 116
　　　8.1.2　实训的基本原理 116
　8.2　K-均值聚类 117
　　　8.2.1　K-均值聚类的含义和基本
　　　　　　 原理 117
　　　8.2.2　K-均值聚类的实例分析 118
　8.3　Q 型层次聚类 122
　　　8.3.1　Q 型聚类的基本内涵 122
　　　8.3.2　Q 型层次聚类的实例分析 123
　8.4　R 型层次聚类 130
　　　8.4.1　R 型聚类的含义和基本
　　　　　　 原理 130
　　　8.4.2　R 型层次聚类实例分析 130
　8.5　判别分析 135
　　　8.5.1　判别分析的含义和基本
　　　　　　 原理 135
　　　8.5.2　判别分析实例 136
　8.6　实训项目 142

第 9 章　因子分析 146
　9.1　实训目的与基本原理 146
　　　9.1.1　实训目的与要求 146
　　　9.1.2　实训的基本原理 146
　9.2　因子分析操作 147
　　　9.2.1　因子分析的基本步骤 147
　　　9.2.2　因子分析实例 147
　9.3　实训项目 160

参考文献 163

第 1 章

SPSS 基础

1.1 SPSS 概述

1.1.1 SPSS 简介

SPSS 的全称为"统计产品与服务解决方案(Statistical Product and Service Solutions)"软件,或者"社会科学统计程序(Statistical Program for Social Sciences)"。该软件是公认的最优秀的统计分析软件包之一。SPSS 是为 IBM 公司推出的一系列用于统计学分析运算、数据挖掘、预测分析和决策支持任务的软件产品及相关服务的总称,有 Windows 和 Mac OS X 等版本。1984 年 SPSS 总部首先推出了世界上第一个统计分析软件微机版本 SPSS/PC+,开创了 SPSS 微机系列产品的开发方向,极大地扩充了其应用范围,并使其能很快地应用于自然科学、技术科学、社会科学的各个领域。2009 年,IBM 并购了 SPSS 软件公司,SPSS 软件更名为 PASW(Productive Analytics Software)Statistics。

1.1.2 SPSS 的安装

下面用开源的"SPSS.PASW.18.0 简体中文破解版"的压缩文件,来演示 SPSS 软件的安装过程:

(1) 将鼠标指针移至"SPSS.PASW.18.0 简体中文破解版"压缩文件的图标上,右击鼠标选择"解压缩到当前文件夹"命令。

(2) 打开"SPSS.PASW.18.0 简体中文破解版"文件夹,再打开 Setup 文件夹,找到 Setup 安装图标。

(3) 双击 Setup 安装图标。特别要注意的是,在出现下一步安装界面之前要等待一段时间。实际安装过程中,不少同学急于求成,发现没有出现下一步安装界面,就连续单击安装图标,而导致安装不成功。图 1-1 所示为前 3 个步骤的操作过程。

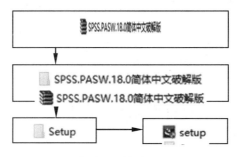

图 1-1　前 3 个步骤的操作过程

(4) 出现欢迎使用安装向导界面，默认选中第一项即可，如图 1-2 所示。

图 1-2　默认选中第一项

(5) 单击【下一步】按钮，进入许可证协议界面，选中【我接受该许可协议中的条款】单选按钮，如图 1-3 所示。

图 1-3　许可证协议界面

(6) 连续单击两次【下一步】按钮，默认或者更改要安装的路径，如图 1-4 所示。

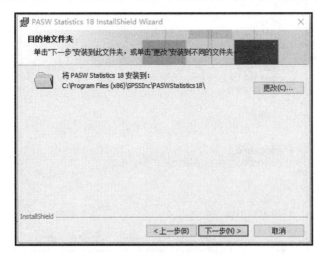

图 1-4　默认或设置安装路径

(7) 单击【安装】按钮，进入下一步；将【在线注册产品】前的√号去掉；单击【确定】按钮，如图 1-5 所示。

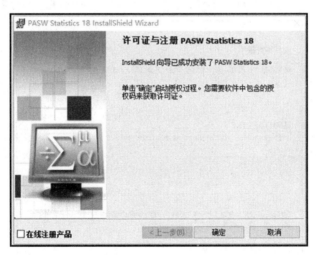

图 1-5　取消选中"在线注册产品"复选框

(8) 进入【产品授权】界面，选中【启用临时试用期】单选按钮，单击【下一步】按钮，如图 1-6 所示。

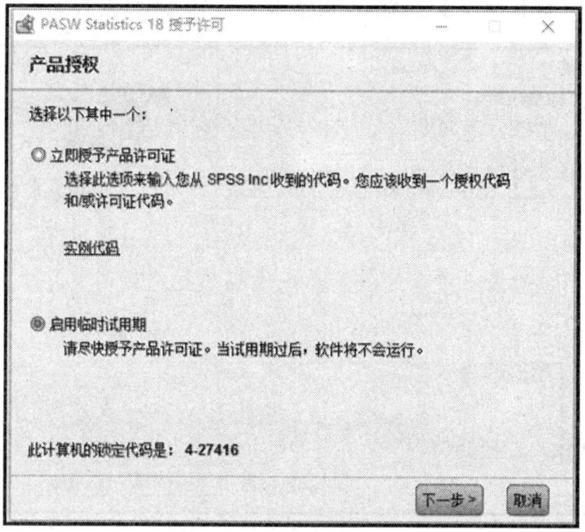

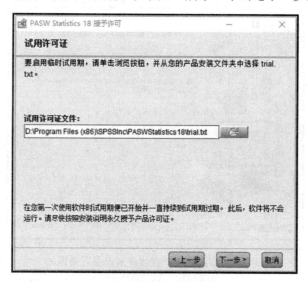

图1-6　启用临时试用期

(9) 单击【下一步】按钮，在出现的【试用许可证】界面单击【试用许可证文件】图标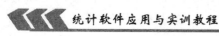，双击trial.txt打开试用许可文件，如图1-7所示。单击【下一步】按钮，完成安装。

图1-7　选择试用许可文件

1.2 SPSS 的界面初识

1.2.1 SPSS 的启动

在 Windows 的 "开始" 菜单中，双击 PASW Statistics 18 图标，进入 SPSS 的预备工作状态，如图 1-8 所示。选择【运行教程】或者【输入数据】选项，即可打开 SPSS 界面。

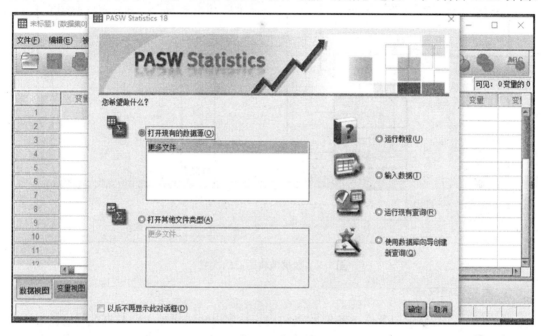

图 1-8 SPSS 的启动

1.2.2 SPSS 的主窗口

SPSS 的主窗口是 SPSS 的基本操作环境，即数据编辑窗口。数据编辑窗口由菜单栏、工具栏、数据编辑区、状态栏组成，如图 1-9 所示。

1. 菜单栏

菜单栏中包含 SPSS 常用的数据编辑、加工和分析功能，用户可以通过单击菜单命令完成相应的操作。

2. 工具栏

SPSS 将一些常用的功能以图形按钮的形式组织在工具栏中，用户可以直接单击工具栏上的某个按钮完成其相应功能，使操作更加快捷和方便。当鼠标停留在工具栏中的按钮上时，计算机会自动显示相应按钮的功能。

如果当前窗口中没有这些工具图标按钮，可以选择【视图(View)】→【工具栏(Toolbar)】→【数据编辑器(Data Editor)】命令使其出现。

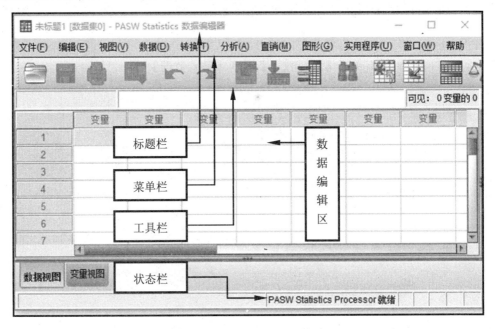

图 1-9　数据编辑窗口的构成

3. 数据编辑区

数据编辑区是显示和管理 SPSS 数据结构和数据内容的区域。在数据编辑区的左下角有两个标签：【数据视图(data view)】和【变量视图(variable view)】，前者用来录入和编辑管理 SPSS 的数据，后者用来定义和修改 SPSS 数据的结构。每条数据都有一个顺序编号显示在编辑区的最左边。数据编辑区中的表格可以通过【视图(view)】菜单下的【网格线(grid lines)】命令设置成显示或不显示状态。

4. 状态栏

状态栏用来显示系统当前的运行状态。当系统等待用户操作时，会出现【PASW SPSS processor 就绪(PASW SPSS processor is ready)】的提示信息，该信息可以作为检查 SPSS 是否成功安装和正常启动的手段。通过【视图(view)】菜单下的【状态栏(status bar)】命令可以设置系统状态显示或不显示。

1.2.3　SPSS 的菜单

菜单栏中共有 11 个选项。其中【直销(M)】菜单是 IBM SPSS Statistics 18 版本后新增的直销模块，该模块的操作界面简单，结果报告分析清晰易懂，广泛应用于电信、零售、银行、保险、证券、传媒、市场研究等行业领域，是为市场营销人员精心设计的用以提高直销效率，改善直销活动效果的工具。单击菜单选项即可激活菜单，用户可以根据自己的需求再单击子菜单命令，即可完成特定的功能，各菜单介绍如表 1-1 所示。

表 1-1　主窗口菜单及功能

菜单名	功能解释
文件(File)	对相关文件进行基本管理(如新建、打开、保存、打印等)
编辑(Edit)	对数据编辑窗口中的数据进行基本编辑(如撤销/恢复、剪切、复制、粘贴)，并实现数据查找、软件参数设置等功能
视图(View)	对窗口外观进行设置(如状态栏、表格线、变量值标签等是否显示、字体设置等)
数据(Data)	对数据编辑窗口中的数据进行加工整理(如变量的排序、转置、选取、分类汇总、加权等)
转换(Transform)	对数据编辑窗口中的数据进行基本处理(如生成新变量、计数、分组等)
分析(Analyze)	对数据编辑窗口中的数据进行统计分析和建模(如基本统计分析、均值比较、相关分析、回归分析、非参数检验等)
直销模块(Module)	用以提高直销效率，改善直销活动效果的分析工具
图形(Graphs)	对数据编辑窗口中的数据生成各种统计图形(如条形图、直方图、饼图、线图、散点图)
实用程序(Utilities)	其他辅助信息(如显示变量信息、定义变量集、显示菜单编辑器等)
窗口(Window)	对多个窗口进行管理(如窗口切换、最小化窗口)
帮助(Help)	实现联机帮助(如语句检索、统计教练等)

1.2.4　SPSS 的退出

完成 SPSS 的统计分析后，退出该系统的方法是：选择【文件(File)】菜单中的【编辑(Exit)】命令，回答系统提出的有关是否需要存储原始数据、计算结果和 SPSS 命令之后，即可退到 Windows 的程序管理器中。

1.2.5 SPSS 的帮助系统

SPSS 提供了详细的在线帮助，主要有下列几种方式。

1. 主窗口的【帮助(Help)】菜单

在软件运行的任何时候，单击【帮助(Help)】菜单，选择相应的子菜单命令，都可得到所需的帮助。

2. 主窗口的【实验程序(Utilities)】菜单

在【实验程序(Utilities)】菜单中，有【命令按钮数组(Command index...)】子菜单，它提供了有关 SPSS 各项统计分析技术能解决什么问题的信息。

3. 各种对话框中的【帮助(Help)】按钮

在具体操作过程中，当弹出某一对话框时，一般总会有【帮助(Help)】按钮，单击该按钮，即可得到这一对话框选项内容的详细帮助。

4. 结果输出窗口中的【术语解释(Grossary)】按钮

当用户在浏览计算结果时，可单击结果输出窗口中的【术语解释(Grossary)】按钮，显示各种专用统计术语的解释信息。

5. 命令编辑窗口中的【语法(Syntax)】命令

激活命令编辑窗口，选择【文件(file)】→【新建(new)】→【语法(Syntax)】命令，可得到与用户正在编辑的命令相关的命令语法提示。

第 2 章

SPSS 的数据管理

统计分析离不开数据,因此数据管理是 SPSS 的重要组成部分。详细了解 SPSS 的数据管理方法,将有助于用户提高工作效率。SPSS 的数据管理是借助数据管理窗口和主窗口的 File、Data、Transform 等菜单完成的。

2.1 实训目的与基本原理

2.1.1 实训目的与要求

1. 基本概念把握

深入了解数据的基本结构,各变量的属性,数据的排序、分组、选取、拆分编辑、保存,增加个案的合并,增加变量的合并等基本概念。尤其是对 11 个变量属性的把握,数据计算中如何进行条件设置等问题。

2. 掌握操作过程

通过本实训项目,使学生理解并掌握 SPSS 软件包有关数据文件创建和整理的基本操作;学习如何将收集到的数据输入计算机,建成一个正确的 SPSS 数据文件;掌握如何对原始数据文件进行整理,包括数据查询、修改、删除、排序、保存等。

3. 实际问题分析

通过本实训项目,达到能够熟练进行数据的编辑、整理,学会通过 SPSS 打开 EXCEL 等文件,达到数据互换,迅速调动文件,熟练掌握 SPSS 的开启、操作、保存、关闭等应用技能。

2.1.2 实训的基本原理

1. SPSS 文件的基本结构

SPSS 数据文件是一种结构性数据文件,由数据的结构和数据的内容两部分构成,也可以说由变量和观测两部分构成。

【例 2-1】以 2007—2010 年度中国中外资性质分类的创业投资平均资产规模(万元)来

说明 SPSS 的数据文件结构，如表 2-1 所示。

表 2-1　SPSS 数据文件结构

年　度	中　资	中外合资	外商独资
2007	25537.87	12046.1	0
2008	20078.52	17260.11	69032
2009	19839.04	22080.57	69032
2010	22349.28	22167.12	68732

(左侧大括号：年度行为"变量"，2007—2010各行为"数据")

2. SPSS 变量的属性

SPSS 中的变量共有 11 个属性，分别是变量名(Name)、变量类型(Type)、长　度(Width)、小数点位置(Decimals)、变量名标签(Label)、变量名值标签(Value)、缺失值(Missing)、数据列的显示宽度(Columns)、对齐方式(Align)、度量尺度(Measure)和角色(Role)(角色代表变量承担输入、输出、两种角色、无角色以及分区与拆分等)。定义一个变量至少要定义它的两个属性，即变量名和变量类型，其他属性可以暂时采用系统默认值，待以后分析过程中如果有需要再进行设置。在 SPSS 数据编辑窗口中单击【变量视窗】标签，进入变量视窗界面，如图 2-1 所示，即可对变量的各个属性进行设置。

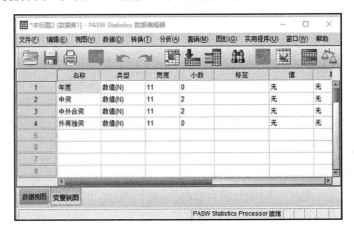

图 2-1　变量视图

2.2　实训内容与步骤

2.2.1　创建一个数据文件

数据文件的创建分成三个步骤。

1. 打开数据编辑器

选择【文件(file)】→【新建(new)】→【数据(data)】命令新建一个数据文件，进入数据编辑窗口。窗口顶部标题为"PASW Statistics 数据编辑器"。

2. 定义变量类型

单击左下角【变量视图(Variable View)】标签进入变量视图界面，根据试验的设计定义每个变量类型。

3. 打开数据视图界面录入数据

变量定义完成以后，单击【数据视图(data View)】标签进入数据视图界面，将每个具体的变量值录入数据库的单元格内。

2.2.2 读取外部数据

SPSS 可以很容易地读取已经保存的 SPSS 文件和 Excel 数据。

1. 打开 SPSS 文件

选择【文件(file)】→【打开(open)】→【数据(data)】命令调出【打开数据】对话框，在【文件类型】下拉列表中选择数据文件，然后单击【打开】按钮，或者双击 sav 文件，即可打开文件，如图 2-2 所示。

图 2-2　打开 SPSS 文件

2. 打开 Excel 文件

打开选择的 Excel 文件，单击【文件(file)】→【打开(open)】→【数据(data)】→EXCEL 文件所在的文件夹→【文件类型】→Excel(*.exl，*.exls，*.exlm)→，或双击 Excel 文件，

即可打开 Excel 数据源对话框，如图 2-3 所示。对话框中各选项的意义如下。

【工作表】下拉列表：选择被读取数据所在的 Excel 工作表。

【范围】输入框：用于限制被读取数据在 Excel 工作表中的位置。

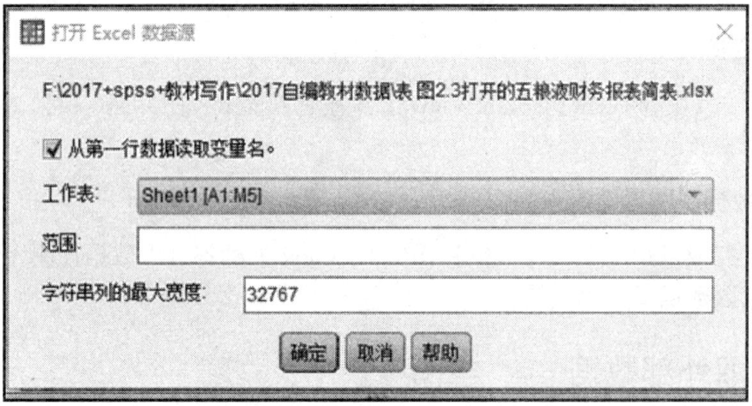

图 2-3　打开 Excel 数据源对话框

2.2.3　数据编辑

在 SPSS 中，对数据进行基本编辑操作的功能集中在 Edit 和 Data 菜单中。

1. 单元值的修改

由于各种原因，已经输入的数据有时会需要修改，可用方向键或鼠标将光标移动到要修改的单元格，键入新值。

可以按下面方法修改数据，选择【编辑】→【转至个案(S)】→【选择行号】，如图 2-4 所示。

图 2-4　选择行号

或者选择【编辑】→【查找(F)】，在查找对话框中输入查找和替换的数据，如图 2-5 所示。

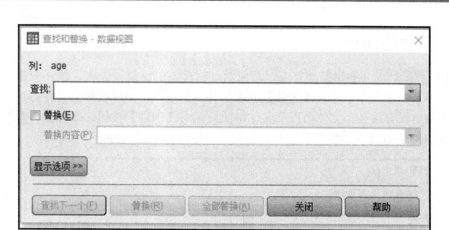

图 2-5　输入要查找的数据

2. 增加和删除一个个案

1) 增加一个新的变量列

如要在第 2 列前增加一个新列，使原来的第 2 列右移变成第 3 列，则可先激活第 2 列，然后选择【编辑(Edit)】→【插入变量(Insert Variable)】命令，系统就会在第 2 列前插入一个新的变量列，原第 2 列自动向右移一列成为第 3 列。

2) 删除一个行

如要删除第 9 行(即删除这个观察单位的所有观察值)，则可先单击第 9 行的行头，这时整个第 9 行被选中(呈黑底白字状)，然后单击鼠标右键，选择【清除】命令或在菜单栏中选择【编辑(Edit)】→【清除(Delete)】命令，该行即被删除。

3. 插入和删除一个变量

1) 插入一个变量

在数据编辑窗口的某个变量前插入一个新变量，将当前数据单元确定在一个变量上，选择【编辑(edit)】→【插入变量(Insert Variable)】。

2) 删除一个变量列

例如要删除第 4 个变量列，可以先单击第 4 列的列头，这时整个第 4 列被选中(呈黑底白字状)，然后按 Delete 键或选择【编辑(Edit)】→【清除】命令，该列即被删除。

4. 移动、复制和删除数据

与一般的应用程序相同，先选择操作对象(变量、个案、若干连续单元等)，然后再选择相应命令。剪切：选择【编辑】→【剪切(Ctrl+X)】命令；复制：选择【编辑】→【复制(Ctrl+C)】命令；粘贴：选择【编辑】→【粘贴(Ctrl+V)】命令；恢复删除或修改前数据：选择【编辑】→【重新】命令或者单击工具栏中的【恢复】图标。

2.2.4 数据的保存

SPSS 数据录入并编辑整理完成以后应及时保存，以防数据丢失。保存数据文件可以选择【文件】→【保存】或者【文件】→【另存为】命令，然后在数据保存对话框中根据不同要求确定保存路径、文件名以及文件格式后单击【确定】按钮，即可保存数据文件，如图 2-6 所示。在【保存类型】下拉列表框中可以选择数据文件的存放格式。

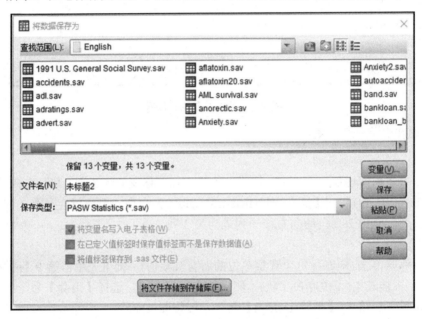

图 2-6　数据的保存

2.2.5 数据整理

在 SPSS 中，整理数据的功能主要集中在【数据】和【转换】两个主菜单中。

1. 数据的排序

数据排序是指将数据编辑窗口中的数据按照某个或多个指定变量的变量值升序或降序重新排列。SPSS 数据排序的基本操作步骤如下：

(1) 选择【数据(Data)】菜单中的【排序个案(Sort Cases)】命令，打开【排序个案】对话框，如图 2-7 所示。

(2) 将主排序变量从左边的列表中选到【排序依据(Sort by)】框中，并在【排列顺序(Sort Order)】选项组中选择按该变量的升序还是降序排序。如果是多重排序，还要依次指定第二、第三排序变量及相应的排序规则。

图 2-7　数据排序

2. 数据的选取

数据选取就是根据分析的需要，从已收集到的大批量数据(总体)中按照一定的规则抽取部分数据(样本)参与分析的过程，通常也称为抽样(Select Case)。SPSS 可根据指定的抽样方法从数据编辑窗口中选出部分样本以实现数据选取，这样后面的分析操作就只针对选出的数据，直到用户取消这种选取为止。

【例 2-2】以江苏省全社会用电量数据为例，筛选全社会用电量大于 20000 千万千瓦时的年度，操作如下：

(1) 选择【数据(Data)】→【选择个案(Select cases)】命令，打开【选择个案】对话框，如图 2-8 所示。

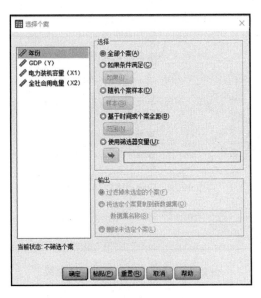

图 2-8　【选择个案】对话框

(2) 根据分析的需要选择数据选取方法，指定抽样的方式：【全部个案(All cases)】表示不进行筛选；【如果条件满足(If condition is satisfied)】表示按指定条件进行筛选。本例设置：全社会用电量>20000，如图 2-9 所示。

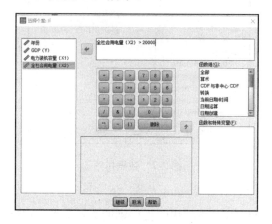

图 2-9 【选择个案：If】条件对话框

设置完成以后，单击【继续(continue)】按钮，进入下一步。确定未被选择的个案的处理方法，这里选择默认选项【过滤掉未选定的个案】。其中，【未选定个案(Unselected cases are)】是指定对未选中个案的处理方式，分别为：【过滤掉未选定个案(Filtered)】表示在未被选中的个案号码上打一个/标记；【删除未选定个案(Deleted)】表示将未被选中的个案从数据编辑窗口中删除。

单击【继续】按钮进行筛选，结果如图 2-10 所示。

图 2-10 选择个案 If 条件筛选结果

3. 数据的拆分

SPSS 的数据拆分与数据排序很相似，但有一个重要的不同点，即数据拆分不仅是按指定变量进行简单排序，更重要的是根据变量对数据进行分组，为以后的分组统计分析提供便利。在 SPSS 中的具体操作如下：

(1) 选择【数据】→【拆分文件(Split File)】命令，打开【分割文件】对话框，如图 2-11 所示。

(2) 将拆分变量选到【分组方式(Groups Based on)】框中。

(3) 拆分会使后面的分组统计产生两种不同格式的结果。其中，【比较组(Compare groups)】表示将分组统计结果输出在同一表格中，以便于不同组之间的比较；【按组组织输出(Organize output by groups)】表示将分组统计结果分别输出在不同的表格中。通常选择第一种输出方式。

(4) 如果数据编辑窗口中的数据已经事先按所指定的拆分变量进行了排序，则可以选择【文件已排序(File is already sorted)】项，以提高拆分执行的速度；否则，选择【按分组变量排序文件(Sort the file by grouping variables)】项。

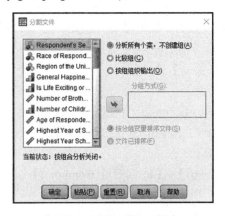

图 2-11 【分割文件】对话框

数据拆分将对后面的分析一直起作用，即无论进行哪种统计分析，都将按拆分变量的不同组别分别分析计算。如果希望对所有数据进行整体分析，则需要重新执行数据拆分，在数据拆分窗口中选择【分析所有个案(Analyze all cases)】项。对数据可以进行多重拆分，类似于数据的多重排序。多重拆分的次序决定于选择拆分变量的前后次序。

4. 数据的计算

1) 变量的加权

统计分析中的加权处理是极为常见的，如计算加权平均数等。若仅用各种产品单价的平均数作为平均价格就很不合理，还应考虑销售量对平均价格的影响。这样，以产品的销售量为权数计算各种(如蔬菜)销售单价的加权平均数，可较准确地反应平均价格。

选择【数据(Data)】→【加权个案(Weight Cases)】命令，弹出【加权个案】对话框，如图 2-12 所示。

图 2-12 【加权个案】对话框

选择【加权个案(Weight Cases by)】选项,并将某变量作为加权变量选到【加权个案(Weight Cases by)】框中。

调用【加权个案(Weight Cases)】命令完成定义后,SPSS 将在主窗口下面的状态行中显示 Weight On 字样;若调用该命令后的数据库被用户存盘,则当这个数据文件再次打开使用时,仍会显示 Weight On 字样,意味着数据加权命令依然有效。取消加权应选择【请勿对个案加权(Do not weight cases)】选项。

2) 计算新变量

在对数据文件中的数据进行统计分析的过程中,为了更有效地处理数据和反映事物的本质,有时需要对数据文件中的变量加工产生新的变量。SPSS 中通过【计算】菜单命令来产生这样的新变量,步骤如下。

首先,选择【转换(Transform)】→【计算变量(Compute)】命令,弹出【计算变量(Compute Variable)】对话框,如图 2-13 所示。

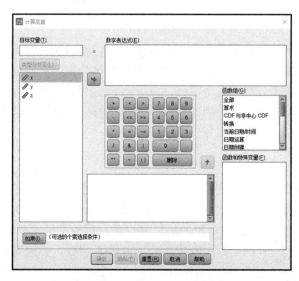

图 2-13 【计算变量】对话框

其次,在【目标变量(Target)】文本框中输入存放计算结果的变量名。可以是一个新变量,也可以是已经存在的变量。如果指定存放计算结果的变量为新变量,SPSS 会自动创建它;如果指定产生的变量已经存在,SPSS 会提问是否以计算结果覆盖原有值。新的变量默认为数值型,用户可以根据需要单击【类型与标签(Type&Label)】按钮修改,还可以对新变量加变量名标签。

最后,在【数字表达式(Numeric Expression)】文本框中给出 SPSS 算术表达式,可以手工输入,也可以单击窗口的按钮以及函数列表框输入。

如果产生新变量 f= x + 2y + z,输入公式,单击【确定】按钮即可,如图 2-14 所示。

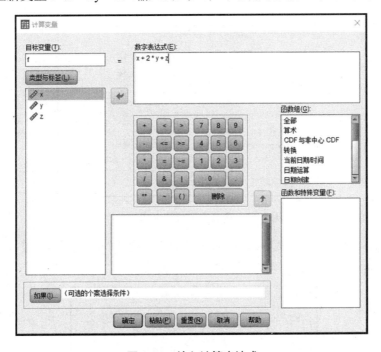

图 2-14　输入计算表达式

如果希望对符合一定条件的个案进行变量计算,则单击 If 按钮,出现下方的窗口,选择【如果个案满足条件则包括(Include if case satisfies condition)】选项,然后输入条件表达式。对不满足条件的个案,将不进行变量值计算,对新变量取值为系统缺失值。

5. 增加个案的数据合并

【例 2-3】通过增加个案合并如图 2-15 所示的数据,在 SPSS 中实现数据文件纵向合并的方法如下。

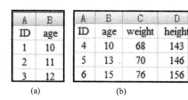

图 2-15　演示文件

(1) 打开添加个案对话框。选择【数据】→【合并文件】→【添加个案】命令，如图 2-16 所示。

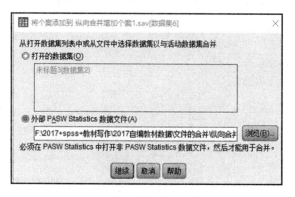

图 2-16　选择个案数据来源的文件

(2) 设置新的数据集中的变量。选择需要追加的数据文件，单击【浏览】按钮，弹出【添加个案(Add Cases)】对话框，如图 2-17 所示。

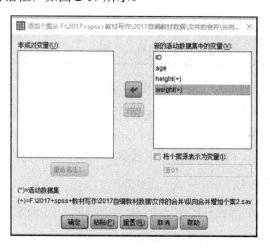

图 2-17　添加个案

(3) 完成操作。将【非成对变量】通过箭头移到【新的活动数据集中的变量】框中，单击【确定】按钮，添加个案的合并结果，如图 2-18 所示。

6．增加变量的数据合并

增加变量是指把两个或多个数据文件实现横向对接。例如，将不同课程的成绩文件进行合并，收集的数据被放置在一个新的数据文件中。

【例 2-4】合并如图 2-19 所示的数据，在 SPSS 中实现数据文件横向合并的方法如下。

ID	age	weight	height
1	10	.	.
2	11	.	.
3	12	.	.
4	10	68	143
5	13	70	146
6	15	76	156

图 2-18　添加个案合并的结果

A ID	B age
1	10
2	11
3	12
(a)

A ID	B weight	C height
1	68	143
2	70	146
3	76	156
(b)

图 2-19　要合并的文件示例

(1) 打开添加变量对话框。选择【数据】→【合并文件】→【添加变量】命令，在打开的对话框中选择合并的数据文件，单击【浏览】按钮，弹出添加变量对话框，如图 2-20 所示。

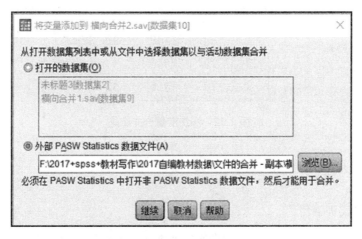

图 2-20　选择添加变量的数据文件

(2) 设置新的活动数据集。单击【继续】按钮，显示【已排除的变量】和【新的活动数据集】。新的活动数据集代表横向增加的所有变量，如图 2-21 所示。

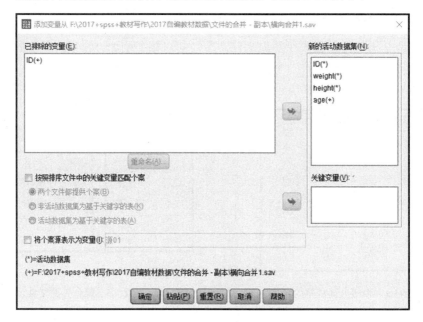

图 2-21　添加变量

(3) 完成操作。单击【确定】按钮，弹出合并文件，如图 2-22 所示。

ID	weight	height	age
1	68	143	10
2	70	146	11
3	76	156	12

图 2-22　添加变量合并结果

2.3　实　训　项　目

SPSS 基础实训项目

某国际投资银行集团 40 名职员的性别(Gender: m 表示男性；f 表示女性)和工资(Salary)状况的调查数据如表 2-2 所示，试在 SPSS 中进行如下操作。

(1) 将数据输入到 SPSS 的数据编辑窗口中，将"性别(Gender)"定义为字符型变量，美元设置为"美元型$"，将"工资 Salary"定义为数值型变量，并对每个变量设置"标签"，并保存数据文件，命名为"试验 1-1.sav"。

(2) 插入一个变量"收入 Income"，定义为数值型变量。

(3) 将数据文件按性别进行分组。

(4) 查找工资大于 40000 美元的职工。

(5) 当工资大于 40000 美元时，职工的奖金是工资的 20%，假设实际收入=工资+奖金，计算所有职工的实际收入，并添加到"收入"变量中。

(6) 当工资小于 40000 美元时，职工的奖金是工资的 10%，假设实际收入=工资+奖金，计算所有职工的实际收入，并添加到"收入"变量中。

表 2-2 投资银行员工收入状况

ID	Gender	Salary	ID	Gender	Salary
1	m	57000	21	f	38850
2	m	40200	22	m	21750
3	f	21450	23	f	24000
4	f	21900	24	f	16950
5	m	45000	25	f	21150
6	m	32100	26	m	31050
7	m	36000	27	m	60375
8	f	21900	28	m	32550
9	f	27900	29	m	135000
10	f	24000	30	m	31200
11	f	30300	31	m	36150
12	m	28350	32	m	110630
13	m	27750	33	m	42000
14	f	35100	34	m	92000
15	m	27300	35	m	29100
16	m	40800	36	f	31270
17	m	46000	37	m	81250
18	m	103750	38	m	31350
19	m	42300	39	m	31320
20	f	26250	40	f	32350

第 3 章

描 述 统 计

SPSS 基本统计分析是进行其他统计分析的基础和前提。通过基本统计方法的学习，可以对要分析数据的总体特征有比较准确的把握，从而有助于选择其他更为深入的统计分析方法。

3.1 实训目的与基本原理

3.1.1 实训目的与要求

1. 基本概念把握

深入了解数据的集中趋势、离散趋势、发布特征的内涵，以及各自所涵盖的具体统计量的含义，尤其要把握频数分析、描述性分析、探索性分析的真正目的所在。

2. 掌握操作过程

在了解数据特征的内涵基础上，学会通过 SPSS 完成数据的频数分析、描述性分析以及探索性分析的操作过程，达到熟练应用 SPSS 进行统计数据的初步分析的目的。

3. 实际问题分析

本实训旨在于，引导学生利用正确的统计方法对数据进行适当的整理和显示，描述并探索出数据内在的数量规律性，掌握统计思想，培养学生学习统计学的兴趣，为继续学习推断统计方法及应用各种统计方法解决实际问题打下必要而坚实的基础。

3.1.2 实训的基本原理

描述统计是统计分析的基础，包括数据的收集、整理、显示，对数据中有用信息的提取和分析，通常用一些描述统计量来进行分析。

1. 集中趋势的特征值

(1) 均值(Mean)：即算术平均数，是反映某变量所有取值的集中趋势或平均水平的指标。
(2) 中位数(Median)：即一组数据按升序排序后，处于中间位置的数据值。如评价社会的老龄化程度时，可用中位数。

(3) 众数(Mode)：即一组数据中出现次数最多的数据值。如生产鞋的厂商在制订各种型号鞋的生产计划时应该运用众数。

(4) 均值标准误差(Standard Error of Mean)：描述样本均值与总体均值之间的平均差异程度的统计量。

2. 离散趋势的特征值

离散程度是指一组数据远离其"中心值"的程度。常见的刻画离散程度的描述统计量如下。

(1) 全距(Range)：也称极差，是数据的最大值(Maximum)与最小值(Minimum)之间的绝对离差。

(2) 方差(Variance)：也是表示变量取值离散程度的统计量，是各变量值与算数平均数离差平方的算术平均数。

(3) 标准差(Standard Deviation，Std Dev)：表示变量取值距离均值的平均离散程度的统计量。

它包括全距、内距、平均差、方差、标准差、标准误、离散系数等。其中标准差、方差适用于正态分布资料，标准差实际上反映了样本均数的波动程度。

3. 分布特征值

数据的分布形态主要指数据分布是否对称，偏斜程度如何，分布陡峭程度等。刻画分布形态的统计量主要有两种：

(1) 偏度(Skewness)：描述变量取值分布形态对称性的统计量。

(2) 峰度(Kurtosis)：描述变量取值分布形态陡峭程度的统计量。

3.2 实训内容与步骤

3.2.1 频数分析

频数就是一个变量在各个变量值上取值的个案数。如果要了解学生某次考试的成绩情况，需要计算出学生所有分数取值，以及每个分数取值有多少人，这就需要用到频数分析。通过变量的频数分析可以非常清楚地了解变量取值的分布情况。

1. 频数分析的基本任务

频数分析的第一个基本任务是编制频数分布表。SPSS中的频数分布表包括的内容有：

(1) 频数(Frequency)，即变量值落在某个区间的次数。

(2) 百分比(Percent)，即各频数占总样本数的百分比。

(3) 有效百分比(Valid Percent),即各频数占有效样本数的百分比。其中有效样本数＝总样本－缺失样本数。

(4) 累计百分比(Cumulative Percent),即各百分比逐级累加起来的结果。最终取值为百分之百。

频数分析的第二个基本任务是绘制统计图。统计图是一种直接的数据刻画方式,能够非常清晰直观地展示变量的取值状况。频数分析中常用的统计图包括:

(1) 条形图(Bar Chart),用宽度相同的条形的高度或长短来表示频数分布变化的图形,适用于定序和定类变量的分析。

(2) 饼图(Pie Chart),用圆形及圆内扇形的面积来表示频数百分比变化的图形,以利于研究事物内在结构组成等问题。

(3) 直方图(Histograms),用矩形的面积来表示频数分布变化的图形,适用于定距型变量的分析。

2. 频数分析的应用步骤

【例 3-1】以某上市公司百名员工年度考核成绩数据为例,对数据进行频数分析,如表 3-1 所示。

表3-1 百名员工年度考核成绩

序号	成绩	序号	成绩	序号	成绩	序号	成绩	序号	成绩
1	7.42	21	6.5	41	7.04	61	8.03	81	7.5
2	7.88	22	7.42	42	7.2	62	6.97	82	7.35
3	6.88	23	7.12	43	7.65	63	7.42	83	7.88
4	7.8	24	6.97	44	7.42	64	7.35	84	7.42
5	7.04	25	6.8	45	7.65	65	7.35	85	7.58
6	8.05	26	7.35	46	7.76	66	7.58	86	7.2
7	6.97	27	7.95	47	6.73	67	7.35	87	7.2
8	7.12	28	7.35	48	7.2	68	7.5	88	7.42
9	7.35	29	7.47	49	7.5	69	7.27	89	7.12
10	8.05	30	6.5	50	7.42	70	7.35	90	7.2
11	6.72	31	7.65	51	7.35	71	7.35	91	7.35
12	7.65	32	8.16	52	7.95	72	7.27	92	7.5
13	7.27	33	7.54	53	7.04	73	8.16	93	7.2
14	7.04	34	7.27	54	7.65	74	7.03	94	6.43
15	7.72	35	7.27	55	7.27	75	7.42	95	7.58
16	6.88	36	7.95	56	7.72	76	7.58	96	7.12

续表

序号	成绩	序号	成绩	序号	成绩	序号	成绩	序号	成绩
17	6.73	37	7.56	57	8.43	77	7.58	97	8.12
18	6.73	38	7.5	58	7.5	78	6.88	98	7.5
19	6.73	39	7.88	59	7.65	79	7.65	99	7.04
20	7.27	40	7.2	60	7.04	80	7.04	100	6.8

(1) 打开数据文件。选择【文件(file)】→【打开(open)】→【数据(data)】命令，在打开的对话框中找到需要分析的数据文件，然后单击【打开】按钮。

(2) 打开频率对话框。选择【分析(Analyze)】→【描述统计(Descriptive Statistics)】→【频率(Frequencies)】命令，打开【频率】对话框。

(3) 设置分析变量。将若干频数分析变量选择到【变量(Variable(s))】框中，如图 3-1 所示。

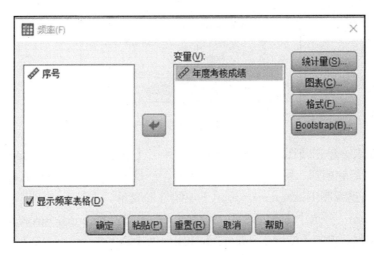

图 3-1　【频率】对话框

(4) 设置格式。单击【格式(Format)】按钮，弹出【频率：格式(Frequencies：Format)】对话框，在【排序方式(Order by)】栏中有三个选项：按值的降序排列(Descending values)；按值的升序排列(Ascending values)和按计数的降序排列(Descending counts)。本例选择【按值的升序排列(Ascending values)】项，单击【继续(Continue)】按钮返回【频率(Frequencies)】对话框。

(5) 设置统计量。单击【统计量(Statistics)】按钮，弹出【频率:统计量(Frequencies:Statistics)】对话框(见图 3-2)，可点击相应项目，要求系统在作频数表分析的基础上，附带作各种统计指标的描述，特别是可进行任何水平的百分位数计算。本例要求计算四分位数(Quartiles)、均数(Mean)、中位数(Median)、众数(Mode)、总和(Sum)、标准差(Std.deviation)、方差

(Variance)、全距 (Range)、最小值(Minimum)、最大值(Maximum)、标准误(S.E.mean)、偏度系数(Skewness)和峰度系数(Kurtosis)，选好后单击【继续(Continue)】按钮返回【频率(Frequencies)】对话框。

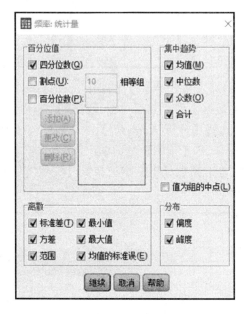

图 3-2　频率分析的统计量对话框

(6) 设置图表。单击【图表(Chart)】按钮，弹出【频率：图表(Frequencies:Charts)】对话框，选择绘制统计图形。用户可选择两种图形，一是直条图(Bar chart)，适用于非连续性的变量；另一是直方图(Histogram)，适用于连续性的变量。本例对"年度考核成绩"绘制直方图(Histogram)，并选中【在直方图上绘制正态曲线(With normal curve)】。

(7) 完成操作。单击【继续(Continue)】按钮返回【频率(Frequencies)】对话框，再单击【确定】按钮即可。

3. 结果分析

在输出结果窗口中将看到如下统计数据。

1) 查看频数统计量表

SPSS 对变量"年度考核成绩"的数据作频数分布表，各列分别为：有效的原始值(Value)为原始值、频数(Frequency)、各组频数占总例数的百分比(Percent)、各组频数占总例数的有效百分比(Valid percent)、为各组频数占总例数的累积百分比(Cum Percent)，如表 3-2 所示。

表 3-2 频数统计量

		频　率	百　分　比	有效百分比	累积百分比
有效	6.43	1	1.0	1.0	1.0
	6.50	2	2.0	2.0	3.0
	6.72	1	1.0	1.0	4.0
	6.73	4	4.0	4.0	8.0
	6.80	2	2.0	2.0	10.0
	6.88	3	3.0	3.0	13.0
	6.97	3	3.0	3.0	16.0
	7.03	1	1.0	1.0	17.0
	7.04	7	7.0	7.0	24.0
	7.12	4	4.0	4.0	28.0
	7.20	7	7.0	7.0	35.0
	7.27	7	7.0	7.0	42.0
	7.35	11	11.0	11.0	53.0
	7.42	8	8.0	8.0	61.0
	7.47	1	1.0	1.0	62.0
	7.50	7	7.0	7.0	69.0
	7.54	1	1.0	1.0	70.0
	7.56	1	1.0	1.0	71.0
	7.58	5	5.0	5.0	76.0
	7.65	7	7.0	7.0	83.0
	7.72	2	2.0	2.0	85.0
	7.76	1	1.0	1.0	86.0
	7.80	1	1.0	1.0	87.0
	7.88	3	3.0	3.0	90.0
	7.95	3	3.0	3.0	93.0
	8.03	1	1.0	1.0	94.0
	8.05	2	2.0	2.0	96.0
	8.12	1	1.0	1.0	97.0
	8.16	2	2.0	2.0	99.0
	8.43	1	1.0	1.0	100.0
	合计	100	100.0	100.0	

2) 查看数据分析的统计量

查看输出的基本统计指标,其中均值为 7.3652,均值的标准误为 0.03939,中位数为 7.35,众数为 7.35,标准差为 0.39389,方差为 0.155,峰度系数为 0.038,峰度系数的标准误为 0.478,偏度系数为 0.066,偏度系数的标准误为 0.241,全距为 2,最小值为 6.43,最大值为 8.43,25%位数为 7.12,50%位数为 7.35,75%位数为 7.58,共 100 个观察值,无缺失值,如表 3-3 所示。

表 3-3 统计量

N	有 效	100
	缺 失	0
均值		7.3652
均值的标准误		0.03939
中值		7.35
众数		7.35
标准差		0.39389
方差		0.155
偏度		0.066
偏度的标准误		0.241
峰度		0.038
峰度的标准误		0.478
全距		2
极小值		6.43
极大值		8.43
和		736.52
百分位数	25	7.12
	50	7.35
	75	7.58

3) 观察频数分析的直方图

系统输出带有正态曲线的直方图,如图 3-3 所示,数据基本呈现正态分布形状。

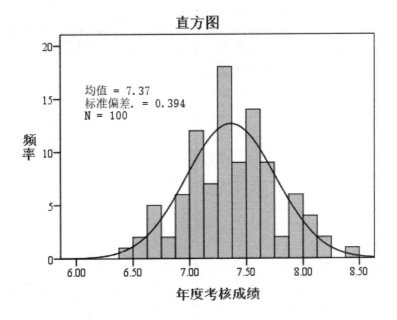

图 3-3 频数分布的直方图

3.2.2 描述统计

1. 描述性统计的原理

描述统计(Descriptives)过程是连续资料统计描述应用最多的一个过程,它可对变量进行描述性统计分析计算,并列出一系列相应的统计指标。这和其他过程相比并无不同。但该过程还有个特殊功能,就是可将原始数据转换成标准化值 Z,并以变量的形式保存。所谓 Z 分值是指某原始数值比其均值高或低多少个标准差单位,高的为正值,低的为负值,相等的为零。

2. 描述性统计的实现过程

【例 3-2】以分析不同性别演员获得奥斯卡奖的年龄差异性为例,如表 3-4 所示,请对该数据进行描述性统计分析。

表 3-4 男女演员获得奥斯卡年龄状况

序 号	男演员	女演员	序 号	男演员	女演员
1	31	50	19	60	41
2	46	44	20	32	42
3	47	35	21	40	37
4	45	80	22	42	26
5	60	26	23	37	34
6	39	28	24	76	34
7	56	41	25	39	35
8	41	21	26	55	26
9	44	61	27	45	61
10	42	38	28	35	60
11	43	49	29	61	34
12	62	33	30	33	24
13	43	74	31	53	30
14	40	30	32	51	37
15	48	33	33	32	31
16	48	41	34	36	27
17	56	31	35	37	39
18	38	35	36	32	34

(1) 打开描述性分析对话框。选择【分析】→【描述统计】→【描述】命令，打开【描述性】对话框，将变量按照箭头方向选择到【变量】框中，如图3-4 所示。

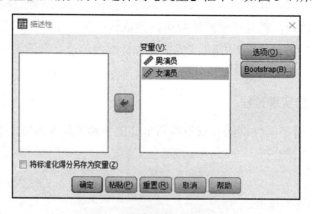

图 3-4 【描述性】分析对话框

(2) 设置描述的统计量。单击【选项】按钮,弹出【描述:选项】对话框,选择各种需要的统计量,如图 3-5 所示。

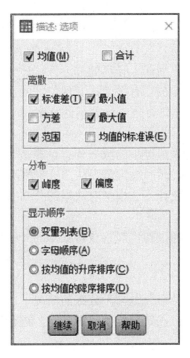

图 3-5 【描述:选项】对话框

(3) 完成操作。单击【继续】按钮,返回描述分析对话框,单击【确定】按钮即可。

3. 结果分析

在结果输出窗口中给出了所选变量的相应描述统计,如表 3-5 所示。表现出男女演员在奥斯卡获奖年龄上的差异性。

表 3-5 描述性分析的统计量

	N	全距	极小值	极大值	均值	标准差	偏度		峰度	
	统计量	统计量	统计量	统计量	统计量	统计量	统计量	标准误	统计量	标准误
男演员	36	45	31	76	45.14	10.406	.898	.393	.704	.768
女演员	36	59	21	80	38.94	13.546	1.503	.393	2.111	.768
有效的 N	36									

例 3-2 中,如果选中图 3-4 中的【将标准化得分另存为变量】复选框,则在原始数据中,会自动增加两列 Z 分数变量。也可以通过【频率】分析,画出 Z 分数的直方图(本操作

参见频率分析即可)。

3.2.3 探索分析

1. 探索分析的原理

调用此过程可对变量进行更为深入详尽的描述性统计分析,故称为探索分析。它在一般描述性统计指标的基础上,增加了有关数据其他特征的文字与图形描述,显得更加细致与全面,有助于用户思考对数据进行进一步分析的方案。

1) 探索分析的内容

检查数据是否有错误:过大或过小的数据均有可能是奇异值、影响点或错误数据。要找出这样的数据,并分析原因,然后决定是否从分析中删除这些数据。

获得数据分布特征:很多统计方法模型对数据的分布有要求,如方差分析就需要数据服从正态分布。

对数据规律的初步观察:通过初步观察获得数据的一些内部规律,例如,两个变量间是否线性相关。

2) 探索分析的考察方法

探索分析一般通过数据文件在分组与不分组的情况下,获得常用统计量和图形。一般以图形方式输出,直观帮助用户确定奇异值、影响点,进行假设检验,以及确定用户要使用的某种统计方式是否合适。

3) 正态分布检验

常用的正态分布检验是 Q-Q 图。本例中进行了正态分布检验。

4) 方差齐次性检验

对数据分析不仅需要进行正态分布检验,有时候还需要比较各个分组的方差是否相同,这就要进行方差齐次性检验。例如,在进行独立样本的 T 检验之前,就需要事先确定两个数据的方差是否相同。

如果通过分析发现各个方差不同,还需要对数据进行方差分析,那么就需要对数据进行转换使得方差尽可能相同。在探索分析中可以使用 Levene 检验。

Levene 检验对数据进行方差齐次性检验时,不强求数据必须服从正态分布,它先计算出各个观测值减去组内均值的差,然后再通过这些差值的绝对值进行单因素方差分析。如果得到显著性水平小于 0.05,就可以拒绝方差相同的假设。

2. 探索性统计的实现过程

【例 3-3】本例对少年儿童身高资料进行分组的探索性分析,如表 3-6 所示。

表3-6 少年儿童身高统计资料

Id	性 别	身 高	Id	性 别	身 高
1	M	123	21	F	126
2	M	125	22	F	121
3	M	127	23	F	120
4	M	130	24	F	125
5	M	134.1	25	F	139.7
6	M	135.8	26	F	133
7	M	140.4	27	F	140.3
8	M	136	28	F	124
9	M	128.2	29	F	125.4
10	M	137.4	30	F	137.5
11	M	135.5	31	F	120.9
12	M	129	32	F	138.8
13	M	132.2	33	F	138.6
14	M	140.9	34	F	141.4
15	M	129.3	35	F	137.5
16	M	130	36	F	137
17	M	121.4	37	F	133.4
18	M	131.5	38	F	132.7
19	M	132.6	39	F	130.1
20	M	129.2	40	F	136.7

1) 打开探索性分析对话框

选择菜单栏中的【分析(Analyze)】→【描述性统计(Descriptive Statistics)】→【探索(Explore)】命令，弹出【探索(Explore)】对话框，它是探索性分析的主操作窗口。

在对话框左侧的变量列表中选择"身高"，单击箭头按钮使之进入【因变量列表(Dependent List)】框，再选择"性别"，单击箭头按钮使之进入【因子列表(Factor List)】框，如图3-6所示。

2) 打开统计量对话框设置统计量

单击【统计量(Statistics)】按钮，弹出【探索：统计量(Explore:Statistics)】对话框，可以看到【描述性(Descriptives)】【M-估计量(M-estimators)】【界外值(Outliers)】【百分位数(Percentiles)】等选项，如图3-7所示。

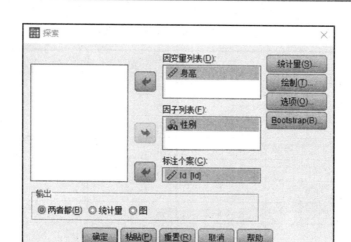

图 3-6 探索分析对话框

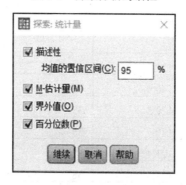

图 3-7 探索分析统计量对话框

其中,【M-估计量(M-estimators)】作中心趋势的粗略最大似然确定,输出四个不同权重的最大似然确定数;【界外值(Outliers)】输出五个最大值与五个最小值;【百分位数(Percentiles)】输出第 5%、10%、25%、50%、75%、90%、95%位数。本例全部选择,之后单击【继续(Continue)】按钮返回【探索(Explore)】对话框。

3) 打开绘制对话框设置要绘制的图形

单击【绘制(Plot)】按钮,弹出【探索:图(Explore:Plot)】对话框,如图 3-8 所示。在【箱图(Boxplot)】选项组中选择【按因子水平分组(Factor levels together)】选项,要求按组别进行箱图绘制;在【描述性(Descriptive)】选项组中选择【茎叶图(Stem-and-leaf)】选项,要求作茎叶情形描述;同时,选择【带检验的正态图(normality plot with test)】复选框,绘制正态分布图(QQ 图),并进行变量是否符合正态分布的检验。

然后,单击【继续(Continue)】按钮返回【探索(Explore)】对话框,再单击【继续】按钮即可。

4) 打开选项对话框设置缺失值

单击【选项(option)】按钮,在【缺失值(missing value)】选项组中选择【按列表排除个案(exclude cases listwise)】单选按钮,如图3-9所示。

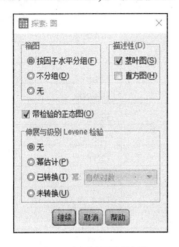

图3-8 探索绘图对话框

图3-9 探索：选项对话框

5) 完成操作

单击【继续(Continue)】按钮返回【探索(Explore)】对话框,再单击【继续】按钮即可。

3. 结果分析

1) 基本统计信息汇总

首先输出如下个案观察量摘要(case processing summary)表,如表3-7所示。

表3-7 案例处理摘要

		案 例					
	性 别	有 效		缺 失		合 计	
		N	百分比	N	百分比	N	百分比
身高	F	20	1.0	0	.0	20	1.0
	M	20	1.0	0	.0	20	1.0

2) 描述性分析表

输出描述性统计的基本信息,如表3-8所示。

表 3-8 描述性统计

性	别			统 计 量	标 准 误
身高	F	均值		131.950	1.6236
		均值的 95% 置信区间	下限	128.552	
			上限	135.348	
		5% 修整均值		132.089	
		中值		133.200	
		方差		52.722	
		标准差		7.2610	
		极小值		120.0	
		极大值		141.4	
		范围		21.4	
		四分位距		13.2	
		偏度		-.400	.512
		峰度		-1.388	.992
	M	均值		131.425	1.1854
		均值的 95% 置信区间	下限	128.944	
			上限	133.906	
		5% 修整均值		131.456	
		中值		130.750	
		方差		28.105	
		标准差		5.3014	
		极小值		121.4	
		极大值		140.9	
		范围		19.5	
		四分位距		7.3	
		偏度		.009	.512
		峰度		-.395	.992

3) M-估计量表

输出 4 个在不同权重下作中心趋势的粗略最大似然确定数,如表 3-9 所示。做集中趋势的最大稳健估计,该统计量是利用迭代方法计算出来的,受异常值的影响要小得多。如果该估计量离均值较远,则说明数据可能存在异常值,此时宜用该估计量替代均值以反映集中趋势。一共输出四种 m 估计量,其中 Huber 适用于数据接近正态分布时,另三种则适用于数据中有许多异常值的情况。

表 3-9 M-估计器

	性别	Huber 的 M-估计器 a	Tukey 的双权重 b	Hampel 的 M-估计器 c	Andrews 波 d
身高	F	132.641	132.596	132.150	132.596
	M	131.271	131.166	131.299	131.167

a. 加权常量为 1.339。
b. 加权常量为 4.685。
c. 加权常量为 1.700、3.400 和 8.500。
d. 加权常量为 1.340*pi。

4) 百分位数表

输出百分位数,也是分组后的百分位数,如表 3-10 所示。

表 3-10 百分位数

		性别	百分位数						
			5	10	25	50	75	90	95
加权平均(定义1)	身高	F	120.045	120.910	125.100	133.200	138.325	140.240	141.345
		M	121.480	123.200	128.400	130.750	135.725	140.100	140.875
Tukey 的枢纽	身高	F			125.200	133.200	138.050		
		M			128.600	130.750	135.650		

5) 界外值表

输出两个组中的最大 5 个数和最小 5 个数,并且包括这些值对应的 ID,如表 3-11 所示。

表 3-11 极值

		性　别		案例号	Id	值
身高	F	最高	1	34	34	141.4
			2	27	27	140.3
			3	25	25	139.7
			4	32	32	138.8
			5	33	33	138.6
		最低	1	23	23	120.0
			2	31	31	120.9
			3	22	22	121.0
			4	28	28	124.0
			5	24	24	125.0

续表

身高	性别		案例号	Id	值
身高	M	最高	1	14	14	140.9
			2	7	7	140.4
			3	10	10	137.4
			4	8	8	136.0
			5	6	6	135.8
		最低	1	17	17	121.4
			2	1	1	123.0
			3	2	2	125.0
			4	3	3	127.0
			5	9	9	128.2

6) 正态检验表

输出方差齐次性检验结果，如表 3-12 所示。

表 3-12 正态检验

	性别	Kolmogorov-Smirnova			Shapiro-Wilk		
		统计量	df	Sig.	统计量	df	Sig.
身高	F	0.193503117	20	0.048083562	0.897220157	20	0.036586747
	M	0.105956486	20	0.2	0.979518897	20	0.927737822

7) 茎叶情形描述表

系统还进行数据的茎叶情形描述，如图 3-10 和图 3-11 所示。茎叶图用于显示未分组的原始数据的分布；由"茎"和"叶"两部分构成，其图形是由数字组成的；以该组数据的高位数值作树茎，低位数字作树叶；树叶上只保留一位数字；茎叶图类似于横置的直方图，但又有区别：直方图可观察一组数据的分布状况，但没有给出具体的数值，茎叶图既能给出数据的分布状况，又能给出每一个原始数值，保留了原始数据的信息；图的下方会标示出茎宽和实际值的倍数，每行的茎和叶组成的数字再乘以茎宽，即得到实际数据的近似值，如茎宽为 10。

身高 Stem-and-Leaf Plot for
性别= F

```
 Frequency    Stem &   Leaf
      4.00    12 .   0014
      3.00    12 .   556
      4.00    13 .   0233
      7.00    13 .   6777889
      2.00    14 .   01
Stem width:    10.0
Each leaf:     1 case(s)
```

图 3-10 男性身高茎叶图

身高 Stem-and-Leaf Plot for
性别= M

```
 Frequency    Stem &   Leaf
      2.00    12 .   13
      6.00    12 .   578999
      6.00    13 .   001224
      4.00    13 .   5567
      2.00    14 .   00
Stem width:    10.0
Each leaf:     1 case(s)
```

图 3-11 女性身高茎叶图

8) 箱图

系统输出箱图，图中方箱为四分位数，中心粗线为中位数，两端线为最大值与最小值。系统输出的箱图如图 3-12 所示。

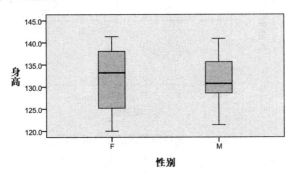

图 3-12 箱图

9) 正态概率图

输出身高正态概率图(Normal Q-Q Plot of 身高)，如图 3-13 和图 3-14 所示。

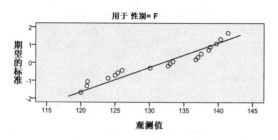

图 3-13　男性身高正态概率图

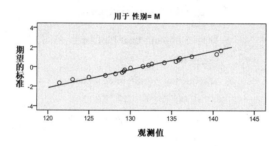

图 3-14　女性身高正态概率图

10) 离散的正态概率图

输出离散正态概率图(Detrended Normal Q-Q Plot of 身高)，男孩身高如图 3-15 所示，女孩身高如图 3-16 所示。横坐标是身高，纵坐标是和正态分布的偏离。

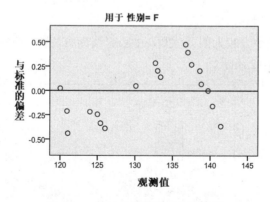

图 3-15　男性身高离散正态概率图

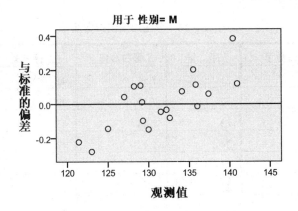

图 3-16 女性身高离散正态概率图

3.3 实训项目

1. 探索性分析实训项目

表 3-13 为 32 名 10 岁少儿的身高(cm)资料,试作探索性分析,如表 3-13 所示。

表 3-13 少儿身高状况

编号	身高		编号	身高	
	男孩	女孩		男孩	女孩
1	121.4	133.4	9	128.2	125.4
2	131.5	132.7	10	137.4	137.5
3	132.6	130.1	11	135.5	120.9
4	129.2	136.7	12	129	138.8
5	134.1	139.7	13	132.2	138.6
6	135.8	133	14	140.9	141.4
7	140.4	140.3	15	129.3	137.5
8	136	124	16	128.3	126.5

2. 频数分析实训项目

调查 60 名健康女大学生的血清总蛋白含量(g%),如表 3-14 所示,试作频数分析。

表 3-14　学生血清蛋白含量

序　号	蛋白数量	序　号	蛋白数量	序　号	蛋白数量
1	7.35	21	7.5	41	7.95
2	7.58	22	7.35	42	7.56
3	7.35	23	7.88	43	7.5
4	7.5	24	7.42	44	7.88
5	7.27	25	7.58	45	7.2
6	7.35	26	6.5	46	7.2
7	7.35	27	7.42	47	7.2
8	7.27	28	7.12	48	7.42
9	8.16	29	6.97	49	7.12
10	7.03	30	6.8	50	7.2
11	7.42	31	7.35	51	7.04
12	7.58	32	7.95	52	7.2
13	7.58	33	7.35	53	7.65
14	6.88	34	7.47	54	7.42
15	7.65	35	6.5	55	7.65
16	7.04	36	7.65	56	7.76
17	7.12	37	8.16	57	6.73
18	8.12	38	7.54	58	7.2
19	7.5	39	7.27	59	7.5
20	7.04	40	7.27	60	7.42

第 4 章

均值比较和 T 检验

统计学中，经常从样本的特性推知随机变量总体的特性。但因总体中个体之间存在差异，样本的统计量和总体的参数之间会有误差。因此，均值不相等的样本未必来自不同分布的总体，而均值相等的样本未必来自有相同分布的总体。即，如何从样本的差异推知总体的差异，这就是均值比较的内容。

4.1 实训目的与基本原理

4.1.1 实训目的与要求

1. 基本概念把握

帮助学生深入了解参数检验、假设检验、均值过程、单样本、独立样本以及配对样本的基本概念，掌握均值过程(MEANS)可以对观测内的所有变量或各组内的变量进行描述性统计分析。

2. 掌握操作过程

掌握求一般的均值过程，以及单样本 T 检验、独立样本 T 检验、配对样本 T 检验的操作过程，进一步直观地把握各种 T 检验操作过程中的异同。

3. 实际问题分析

通过本实验可以巩固和掌握点估计、区间估计的概念以及操作的方法；掌握 T 检验的的 SPSS 操作过程；并且学会利用 T 检验的方法解决身边的实际问题。

4.1.2 实训的基本原理

1. 参数估计的基本原理

参数估计，研究从样本获得一组数据后如何通过这组信息对总体特征进行估计，也就是如何从局部结果推论总体的情况，包括点估计和区间估计。点估计(point estimation)又称定值估计是指直接用样本的一个观察值来估计总体参数值。区间估计(interval estimation)是指按一定的概率置信度来估计总体参数的取值范围。

2. 假设检验的基本原理

假设检验(Hypothesis Testing)，是根据一定假设条件由样本推断总体的一种方法。具体作法是：根据问题的需要对所研究的总体作某种假设，记作 H_0；选取合适的统计量，这个统计量的选取要使得在假设 H_0 成立时，其分布为已知；由实测的样本，计算出统计量的值，并根据预先给定的显著性水平进行检验，作出拒绝或接受假设 H_0 的判断。常用的假设检验方法有 u-检验法、t 检验法、χ^2 检验法(卡方检验)、F-检验法、秩和检验等。本章主要介绍比较均值的 T 检验方法。

4.2 均值过程

4.2.1 均值过程的定义

均值(Means)过程是 SPSS 计算各种基本描述统计量的过程。与第 3 章中计算某一样本总体均值相比，均值(Means)过程其实就是按照用户指定的条件，对样本进行分组计算均数和标准差。这些基本统计量包括：均值(Mean)、标准差(Standard Deviation)、观察量数目(Num Cases)、方差(Variance)。Means 过程还可以列出方差表和线性检验结果。

4.2.2 实现步骤

【例 4-1】调查棉铃虫百株卵量在暴雨前后的数量变化后，统计暴雨前和暴雨后的统计量，其数据如表 4-1 所示。

表 4-1　暴雨前后棉铃虫卵数量

	卵　量										
雨前	110	115	133	133	128	108	110	110	140	104	160	120
雨后	90	116	101	131	110	88	92	104	126	86	114	112

1. 均值对话框

在 SPSS 主菜单中依次选择【分析(Analyze)】→【比较均值(Compare Means)】→【均值(Means)】命令，打开【均值】对话框，如图 4-1 所示。

图 4-1 【均值】对话框

2. 设置分析变量

在左边的变量列表中选择"卵量"变量后单击箭头按钮,将变量"卵量"移入【因变量列表(Dependent List)】框里;在左边的变量列表中选中"调查前后"变量,单击【自变量列表(Independent List)】框左边的箭头按钮,该变量就进入【自变量列表(Independent List)】框里,如图 4-1 所示。

3. 选择统计量

单击【选项(Options)】按钮,打开如图 4-2 所示的对话框,在【统计量(Statistics)】列表框中列出了 SPSS 可求的统计量。

本例选定均值(Mean)、个案数(Number of Cases)和标准差(Standard Deviation)3 个统计变量。选中【Anova table 和 eta】复选框,单击【继续】按钮提交各选项,然后单击【确定】按钮即可。

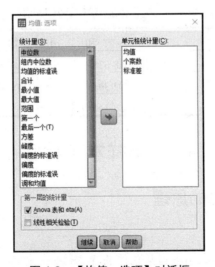

图 4-2 【均值:选项】对话框

方差分析表(Anova table)的前提条件是按照分组变量分组后各组的均值都相等。eta 统计量为分组变量与生成统计量的变量之间关系紧密程度的度量。

4．结果分析

1) 统计量表

分别给出暴雨前和暴雨后卵量的统计量，如表 4-2 所示。暴雨前有 13 个样本，平均数 122.38，标准差 15.95，方差 254.42；暴雨后有 13 个样本，平均数 104.46，标准差 15.11；总体 26 个样本，平均数 113.42，标准差 17.75，方差 315.214。

表 4-2　结果报告(Report)

卵量

调查前后	均　值	N	标 准 差
1	122.38	13	15.951
2	104.46	13	15.109
总计	113.42	26	17.754

2) 方差分析表

方差分析表如表 4-3 所示，共有六列，第一列说明方差的来源，包括组间(Between Groups)的、组内(Within Groups)的和总的(Total)。第二列为平方和，其大小说明了各方差来源作用的大小。第三列为自由度。第四列为均方，即平方和除以自由度。第五列 F 值是 F 统计量的值，其计算公式为模型均方除以误差均方，用来检验模型的显著性。第六列是 F 统计量的显著值，由于这里的显著值 0.007 小于 0.05，所以模型是显著的，降雨对卵量有显著影响。

表 4-3　方差分析表(ANOVA Table)

			平方和	df	均　方	F	显著性
卵量 * 调查前后	组间	(组合)	2088.038	1	2088.038	8.652	.007
	组内		5792.308	24	241.346		
	总计		7880.346	25			

4.3　单样本 T 检验

4.3.1　单样本 T 检验的原理

1．使用目的

单样本 T 检验的目的是利用来自某总体的样本数据，推断该总体的均值是否与指定的检验值之间存在明显的差异。它是对总体均值的假设检验。

2. 基本原理

单样本 T 检验作为假设检验的一种方法，其基本步骤和假设检验相同。其零假设为 H_0：总体均值与指定检验值之间不存在显著差异。该方法采用 t 检验方法，按照下式计算 t 统计量：

$$t = \frac{\overline{D}}{s/\sqrt{n}}$$

式中，D 是样本均值与检验值之差；因为总体方差未知，故用样本方差 s 代替总体方差；n 为样本数。

3. 概率 P 值

如果概率 P 值小于或等于显著性水平，则拒绝零假设；如果概率 P 值大于显著性水平，则接受零假设。

4. 软件使用方法

(1) 在 SPSS 中，软件将自动计算 t 值，由于该统计量服从 $n-1$ 个自由度的 t 分布，SPSS 将根据 t 分布表给出 t 值对应的相伴概率 P 值。

(2) 如果相伴概率 P 值小于或等于给定的显著性水平，则拒绝 H_0，认为总体均值与检验值之间存在显著差异。

(3) 相反，相伴概率值大于给定的显著性水平，则不应拒绝 H_0，可以认为总体均值与检验值之间不存在显著差异。

4.3.2 操作步骤

【例 4-2】分析某班级学生的高考数学成绩和全国的平均成绩 70 之间是否存在显著性差异，某班级学生数学成绩状况如表 4-4 所示。

表 4-4 某班级学生数学成绩状况

	数学成绩						
男生	99	79	59	89	79	89	99
女生	88	54	56	23			

1. 打开单样本 T 检验对话框

选择【分析(Analyze)】→【比较均值(Compare Means)】→【单样本 T 检验(One-Sample T Test)】命令，打开【单样本 T 检验】对话框，如图 4-3 所示。

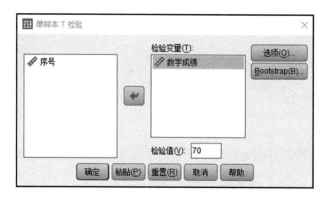

图 4.3　【单样本 T 检验】对话框

2. 选择检验变量

在对话框左侧的候选变量列表框中选择"数学成绩"变量,将其移入【检验变量(Test Variable(s))】列表框中。左侧候选变量列表框中显示的是可以进行 T 检验的变量。

3. 选择样本检验值

在【检验值(Test Value)】文本框中输入检验值"70",相当于假设检验问题中提出的零假设 H_0:$\mu=\mu_0$。单击【选项(option)】按钮,设置置信区间百分比为 95%,默认选择【按分析顺序排除个案(exclude cases by analysis)】,如图 4-4 所示。最后单击【继续】→【确定】按钮,即可。

【按分析顺序排除个案】表示当分析计算涉及含有缺失值的变量时,删除该变量上缺失值的观测量。

图 4-4　【单样本 T 检验选项】对话框

4. 结果分析

1) 单个样本统计量

单个样本统计量如表 4-5 所示,显示样本数 11,平均分 74,标准差 23.44。

表 4-5　单个样本统计量

	N	均　值	标　准　差	均值的标准误
数学成绩	11	74.00	23.444	7.068

2) 单个样本检验

单个样本检验如表 4-6 所示，t 值 0.566，伴随概率 $p=0.584$，p 大于 0.05，保留原假设，则和全国平均分不存在显著性差异。

表 4-6　单个样本检验

	检验值 = 70				
					差分的 95% 置信区间
	t	df	Sig.(双侧)	均值差值	下限	上限
数学成绩	.566	10	.584	4.000	-11.75	19.75

4.4　两独立样本 T 检验

4.4.1　基本原理

1. 独立样本的概念

所谓独立样本是指两个样本之间彼此独立没有任何关联，两个独立样本各自接受相同的测量，研究者的主要目的是了解两个样本之间是否有显著差异存在。这个检验的前提如下：

(1) 两个样本应是互相独立的，即从一总体中抽取一批样本对从另一总体中抽取一批样本没有任何影响，两组样本个案数目可以不同，个案顺序可以随意调整。

(2) 样本来自的两个总体应该服从正态分布。

2. 假设检验

两独立样本 T 检验的零假设 H_0 为两总体均值之间不存在显著差异。在具体的计算中需要通过两步来完成：

(1) 利用 F 检验判断两总体的方差是否相同：SPSS 采用 Levene F 方法检验两总体方差是否相同。

(2) 根据上一步的结果，决定 T 统计量和自由度计算公式，进而对 T 检验的结论作出判断。

4.4.2 操作步骤

【例4-3】两所学校学生的高考英语成绩分别如表4-7所示。判断清华和北大英语成绩的差异性。

表4-7 清华和北大高考英语成绩对照

	英语成绩								
清华	99	88	79	59	54	89	79	56	89
北大	99	23	89	70	50	67	78	89	56

1. 打开【独立样本T检验】对话框

选择【分析】→【比较均值】→【独立样本T检验】命令,打开【独立样本T检验】对话框,如图4-5所示。

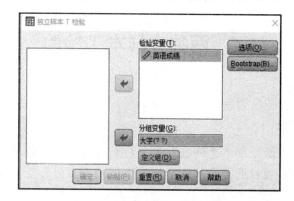

图4-5 【独立样本T检验】对话框

2. 变量选择

(1) 从源变量列表框中将"英语成绩"变量移入【检验变量】列表框中,表示要求该变量的均值的区间估计。

(2) 从源变量列表框中将"大学"变量移入【分组变量】列表框中,表示总体的分类变量,如图4-5所示。

3. 定义分组

单击【定义组(Define Groups)】按钮,打开【定义组(Define Groups)】对话框,如图4-6所示。在【组1(Group1)】文本框中输入1,在【组2(Group2)】文本框中输入2(1表示清华,2表示北大),单击【继续】按钮回到主窗口,单击【确定】按钮即完成分析。

图 4-6 【定义组】对话框

4. 结果分析

1) 组统计量

组统计量如表 4-8 所示,给出了清华和北大的平均数 76.89 和 69,以及各自分数的标准差。

表 4-8 组统计量

	大 学	N	均 值	标 准 差	均值的标准误
英语成绩	1	9	76.89	16.564	5.521
	2	9	69.00	23.537	7.846

2) 独立样本检验表

独立样本检验如表 4-9 所示,给出了方差方程的 Levene 检验的 F=0.571,因为伴随的概率 Sig.=0.461,该值大于 0.05,则保留原假设,说明不能拒绝方差相等的原假设,接受两个总体方差是相等的假设。

T-test for Equality of Means 为检验总体均值是否相等的 T 检验,由于在本例中,其 P 值大于显著性水平,即 Sig. = 0.423>0.05,因此不应该拒绝原假设,也就是说两个大学的英语成绩没有显著差异。

表 4-9 独立样本检验

		方差方程的 Levene 检验		均值方程的 t 检验						
									差分的 95% 置信区间	
		F	Sig.	t	df	Sig.(双侧)	均值差值	标准误差值	下限	上限
英语成绩	假设方差相等	.571	.461	.822	16	.423	7.889	9.594	-12.449	28.227
	假设方差不相等			.822	14.363	.424	7.889	9.594	-12.639	28.417

4.5 配对样本 T 检验

4.5.1 基本原理

1. 两配对样本 T 检验的定义

两配对样本 T 检验是根据样本数据对样本来自的两配对总体的均值是否有显著性差异进行推断。一般用于同一研究对象(或两配对对象)分别给予两种不同处理的效果比较,以及同一研究对象(或两配对对象)处理前后的效果比较。前者推断两种效果有无差别,后者推断某种处理是否有效。

2. 两配对样本 T 检验的前提

(1) 两个样本应是配对的。在应用领域中,主要的配对资料包括:年龄、性别、体重、病况等非处理因素相同或相似者。首先两个样本的观察数目相同,其次两样本的观察值顺序不能随意改变。

(2) 样本来自的两个总体应服从正态分布。

3. 两配对样本 T 检验的零假设

两配对样本 T 检验的零假设 H_0 为两总体均值之间不存在显著差异。首先求出每对观察值的差值,得到差值序列;然后对差值求均值;最后检验差值序列的均值,即平均差是否与零有显著差异。如果平均差和零有显著差异,则认为两总体均值间存在显著差异;否则,认为两总体均值间不存在显著差异。

4.5.2 操作过程

【**例 4-4**】培训机构为了提高培训学员的数学成绩,采用了先进的现场启发式教育方式,并记录前后两次成绩对照情况,如表 4-10 所示,请检验前后数学成绩的差异性,以便验证教学方法的效果。

表 4-10 培训前后数学成绩对照

人 名	数学 1	数学 2
wyz	99	98
yy	88	89
yu	79	80
shh	59	78
cc	54	78

续表

人 名	数学1	数学2
hq	89	89
gr	79	87
lsh	56	76
cyl	89	56
wc	99	76
ls	23	89
wem	89	89
gxy	70	99
tyh	50	89
rxd	67	88
znw	78	98
fl	89	78
fb	56	89

1. 打开【配对样本 T 检验】对话框

选择【分析】→【比较均值】→【配对样本 T 检验(Pared-Samples T Test)】命令，打开对话框，如图 4-7 所示，将两个配对变量移入右边的【成对变量(Pair Variables)】列表框中。移动的方法是先选择其中的一个配对变量，按住 shift 键再选择第二个配对变量，接着单击中间的箭头按钮。

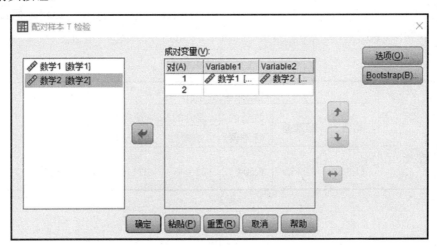

图 4-7　【配对样本 T 检验】对话框

2. 设置置信度

单击【选项】按钮,设置置信度选项,这里保持系统默认的 95%。在图 4-7 所示对话框中单击【确定】按钮,执行操作。

3. 结果分析

1) 成对样本统计量

给出了培训前后学生考试成绩的均值(分别为 72.94、84.78)、标准差、均值的标准误差,如表 4-11 所示。

表 4-11 成对样本统计量

		均 值	N	标 准 差	均值的标准误
对 1	数学 1	72.94	18	20.157	4.751
	数学 2	84.78	18	10.339	2.437

2) 成对样本相关系数

成对样本相关系数如表 4-12 所示,相关系数为负数,p 值 Sig=0.761 大于 0.05,表明两个成绩之间满足方差齐性。

表 4-12 成对样本相关系数

		N	相关系数	Sig.
对 1	数学 1 & 数学 2	18	-.077	.761

3) 成对样本检验

给出了 t 统计量和 p 值,如表 4-13 所示。结果显示 $p=0.046<0.05$,拒绝原假设,所以,学生上学成绩前后存在显著变化。

表 4-13 成对样本检验

		成对差分					t	df	Sig.(双侧)
		均值	标准差	均值的标准误	差分的 95%置信区间				
					下限	上限			
对 1	数学 1 - 数学 2	-11.833	23.352	5.504	-23.446	-.221	-2.150	17	.046

4.6 实训项目

1. 单样本 T 检验实训项目

某省大学生四级英语测验平均成绩为 65,现从某高校随机抽取 20 份试卷,其分数为:72、76、68、78、62、59、64、85、70、75、61、74、87、83、54、76、56、66、68、62,问该校英语水平与全区是否基本一致?设 $\alpha=0.05$ 即 95%的置信区间。

2. 两独立样本 T 检验实训项目

分别测得14例老年慢性支气管炎病人及11例健康人的尿中17酮类固醇排出量(mg/dl)如下,病人:2.90、5.41、5.48、4.60、4.03、5.10、4.97、4.24、4.36、2.72、2.37、2.09、7.10、5.92;健康人:5.18、8.79、3.14、6.46、3.72、6.64、5.60、4.57、7.71、4.99、4.01。试比较两组均数有无差别。

3. 两配对样本实训项目

某单位研究饲料中缺乏维生素 E 与肝中维生素 A 含量的关系,将大白鼠按性别、体重等配为 8 对,每对中两只大白鼠分别喂给正常饲料和维生素 E 缺乏饲料,一段时期后将之宰杀,测定其肝中维生素 A 含量(μmol/L)如表 4-14 所示,问饲料中缺乏维生素 E 对鼠肝中维生素 A 的含量有无影响?

表 4-14 饲料对白鼠维生素的影响

大白鼠对别	肝中维生素 A 含量(mol/L)	
	正常饲料组	维生素 E 缺乏饲料组
1	37.2	25.7
2	20.9	25.1
3	31.4	18.8
4	41.4	33.5
5	39.8	34
6	39.3	28.3
7	36.1	26.2
8	31.9	18.3

第 5 章

方 差 分 析

5.1 实验目的与基本原理

5.1.1 实验目的与要求

1. 基本概念把握

帮助学生深入了解方差及方差分析的基本概念,深入掌握方差分析的基本思想和原理。进一步巩固统计计量理论中的方差问题。

2. 掌握操作过程

掌握方差分析的过程,前一章在讨论如何对一个总体及两个总体的均值进行检验时,已经涉及方差的齐性检验,这里将更深入地研究方差齐性问题的应用及实现过程。

3. 实际问题分析

增强学生统计计量分析的实践能力,使学生能够利用 SPSS 统计软件,进行单因素方差分析、两因素方差分析等操作,激发和增强学生的计量分析动手能力,能够应用 SPSS 软件解决实际问题。

5.1.2 实验的基本原理

1. 方差分析的基本概念

方差分析是 R.A.Fister 发明的,用于两个及两个以上样本均数差别的显著性检验。方差分析方法在不同领域的各个分析研究中都得到了广泛的应用。从方差入手的研究方法有助于找到事物的内在规律性。

方差分析中有以下几个重要概念:

(1) 因素(Factor):是指所要研究的变量,它可能对因变量产生影响。如果方差分析只针对一个因素进行,称为单因素方差分析。如果同时针对多个因素进行,称为多因素方差分析。

(2) 水平(Level):水平指因素的具体表现,如销售的四种方式就是因素的不同取值等级。

(3) 单元(Cell)：指因素水平之间的组合。

(4) 元素(Element)：指用于测量因变量的最小单位。一个单元里可以只有一个元素，也可以有多个元素。

(5) 交互作用(Interaction)：如果一个因素的效应大小在另一个因素不同水平下明显不同，则称两因素间存在交互作用。

2. 方差分析的基本假设

(1) 各样本的独立性。即各组观察数据，是从相互独立的总体中抽取的。

(2) 要求所有观察值都是从正态总体中抽取，且方差相等。在实际应用中能够严格满足这些假定条件的客观现象是很少的，在社会经济现象中更是如此。但一般应近似地符合上述要求。

水平之间的方差(也称为组间方差)与水平内部的方差(也称组内方差)之间的比值是一个服从 F 分布的统计量：

$F=$ 水平间方差 / 水平内方差 = 组间方差 / 组内方差

5.2 单因素方差分析

5.2.1 单因素方差的使用条件和基本原理

1. 单因素方差的使用条件

单因素方差分析也叫一维方差分析，它用来研究一个因素的不同水平是否对观测变量产生了显著影响，即检验由单一因素影响的一个(或几个相互独立的)因变量与因素各水平分组的均值之间的差异是否具有统计意义。

应用方差分析时，数据应当满足以下几个条件。

(1) 在各个水平之下观察对象是独立随机抽样，即独立性；

(2) 各个水平的因变量服从正态分布，即正态性；

(3) 各个水平下的总体具有相同的方差，即方差齐。

2. 单因素方差的基本原理

方差分析认为：SST(总的离差平方和)=SSA(组间离差平方和)+SSE(组内离差平方和)。如果在总的离差平方和中，组间离差平方和所占比例较大，说明观测变量的变动主要是由因素的不同水平引起的，可以主要由因素的变动来解释，系统性差异给观测变量带来了显著影响；反之，如果组间离差平方和所占比例很小，说明观测变量的变动主要是由随机变量因素引起的。

3. 多重比较检验问题

多重比较是通过对总体均值之间的配对比较来进一步检验到底哪些均值之间存在差异。

4. 各组均值的精细比较

多重比较检验只能分析两两均值之间的差异性，但是有些时候需要比较多个均值之间的差异性。具体操作是将其转化为研究这两组总的均值是否存在显著差异。即与是否有显著差异。这种比较是对各均值的某一线性组合结构进行判断，即上述检验可以等价改写为对某一线性组合结构进行统计推断。这种事先指定均值的线性组合，再对该线性组合进行检验的分析方法就是各组均值的精细比较。显然，可以根据实际问题，提出若干种检验问题。

5.2.2 操作过程

【例 5-1】调查不同水稻品种百丛中"稻纵卷叶螟"幼虫的数量(个/100 丛)，相关数据如表 5-1 所示。分析水稻品种对稻纵卷叶螟幼虫抗虫性是否存在显著性差异。

表 5-1 不同水稻品种百丛中"稻纵卷叶螟"幼虫数

重复次数	水稻品种				
	1	2	3	4	5
1	41	33	38	37	31
2	39	37	35	39	34
3	40	35	35	38	34

1. 设计数据视图的格式

建立因变量"虫数"和因素水平变量"水稻品种"，然后在数据编辑窗口中输入对应的数值，完成数据的录入。

2. 打开单因素方差分析对话框

从菜单中选择【分析】→【比较均值】→【单因素 ANOVA】命令，打开【单因素方差分析】对话框，如图 5-1 所示。

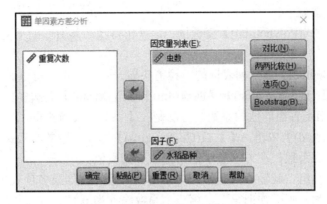

图 5-1 【单因素方差分析】对话框

3. 设置分析变量

在这个对话框中,将因变量(观测变量)"虫数"放到【因变量列表】框中,将因素变量(自变量)"水稻品种"放到【因子】框中,如图 5-1 所示。

4. 设置多项式比较(一般选择默认值)

单击【对比】按钮,打开如图 5-2 所示的对话框,该对话框用于设置均值的多项式比较。本例保留默认值。

图 5-2 【单因素 ANOVA:对比】对话框

单因素方差的分析过程允许进行高达 5 次的均值多项式比较。多项式的系数需要由读者自己根据研究的需要输入。

具体的操作步骤如下。

(1) 选中【多项式(Polynomial)】复选框，该操作将激活其右面的【度(Degree)】下拉列表框。

(2)单击【度(Degree)】下拉列表框的下拉箭头展开阶次菜单，可以选择【线性(Linear)】【二次(Quadratic)】【三次(Cubic)】【四次(4th)】【五次(5th)】五次多项式。

(3) 为多项式指定各组均值的系数。方法是在【系数(Coefficients)】文本框中输入一个系数，单击【添加(Add)】按钮，【系数(Coefficients)】文本框中的系数进入下面的方框中。依次输入各组均值的系数，在方形显示框中形成一列数值。

因素变量分为几组，就输入几个系数，多出的无意义。如果多项式中只包括第一组与第四组的均值的系数，则必须把第二、第三个系数输入为 0 值。如果只包括第一组与第二组的均值，则只需要输入前两个系数，第三、第四个系数可以不输入。可以同时建立多个多项式。一个多项式的一组系数输入结束，将激活【下一张(Next)】按钮，单击该按钮后【系数(Coefficients)】文本框中清空，准备接受下一组系数数据。

如果认为输入的几组系数中有错误，可以分别单击【上一张(Previous)】或【下一张(Next)】按钮前后翻找出错的一组数据。单击出错的系数，该系数显示在文本框中，可以在此进行修改，修改后单击【更改(Change)】按钮在系数显示框中出现正确的系数值。

在系数显示框中选中一个系数时，会同时激活【删除(Remove)】按钮，单击该按钮选中的系数将被清除。

(4) 单击【上一张(Previous)】或【下一张(Next)】按钮显示输入的各组系数检查无误后，单击【继续(Continue)】按钮确认输入的系数并返回到主对话框。

若要取消前一次的输入，单击【取消(Cancel)】按钮；若要查看系统的帮助信息，单击【帮助】按钮。

5. 设置多重比较

如果方差分析判断总体均值间存在显著差异，接下来可通过多重比较对每个水平的均值逐对进行比较，以判断具体是哪些水平间存在显著差异。本例选择"LSD"和"Duncan"比较，检验的显著性概率临界值为 0.05。

在对话框里单击【两两比较(Post Hoc Multiple Comparisons)】按钮，打开如图 5-3 所示的两两比较对话框。该对话框用于设置多重比较和配对比较。方差分析一旦确定各组均值间存在差异显著，多重比较检测可以求出均值相等的组；配对比较可找出和其他组均值有差异的组，并输出显著性水平为 0.95 的均值比较矩阵，在矩阵中用星号表示有差异的组。

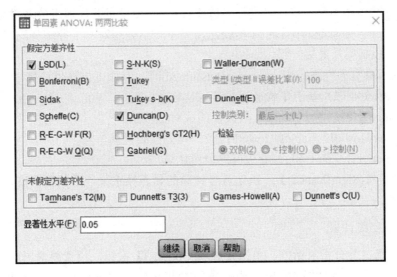

图 5-3　单因素方差分析的两两比较对话框

(1) 方差齐性(Equal Variances Assumed)时，有如下方法供选择。

- LSD(Least-significant difference)：最小显著差数法，用 T 检验完成各组均值间的配对比较。
- Bonferroni(LSDMOD)：用 T 检验完成各组间均值的配对比较，但通过设置每个检验的误差率来控制整个误差率。
- Sidak：计算 T 统计量进行多重配对比较。可以调整显著性水平，比 Bofferroni 方法的界限要小。
- Scheffe：用 F 分布对所有可能的组合进行同时进入的配对比较。此法可用于检查组均值的所有线性组合，但不是公正的配对比较。
- R-E-G-W F：基于 F 检验的 Ryan-Einot-Gabriel-Welsch 多重比较检验。
- R-E-G-W Q：基于 Student Range 分布的 Ryan-Einot-Gabriel-Welsch range test 多重配对比较。
- S-N-K：用 Student Range 分布进行所有各组均值间的配对比较。
- Tukey：用 Student-Range 统计量进行所有组间均值的配对比较，用所有配对比较误差率作为实验误差率。
- Tukey's-b：用 stndent Range 分布进行组间均值的配对比较，其精确值为前两种检验相应值的平均值。
- Duncan：指定一系列的 Range 值，逐步进行计算比较得出结论。
- Hochberg's GT2：用正态最大系数进行多重比较。
- Gabriel：用正态标准系数进行配对比较，在单元数较大时，这种方法较自由。

- Waller-Dunca：用 t 统计量进行多重比较检验，使用贝叶斯逼近的多重比较检验法。
- Dunnett：多重配对比较的 t 检验法，用于一组处理对一个控制类均值的比较。默认的控制类是最后一组。

(2) 方差不具有齐性(Equal Varance not assumed)时，有如下方法供选择。
- Tamhane's T2：基于 T 检验进行配对比较。
- Dunnett's T3：基于 Student 最大模的成对比较法。
- Games-Howell：Games-Howell 比较，该方法较灵活。
- Dunnett's C：基于 Student 极值的成对比较法。

(3)【显著性(Significance)】：确定各种检验的显著性水平，系统默认值为 0.05，可由用户重新设定。

6. 设置输出统计量

回到单因素方差分析对话框，单击【选项(Options)】按钮，设置要输出的基本结果(选择要求输出的统计量)，并按要求的方式显示这些统计量。本例选择要求输出【描述性(Descriptive)】和进行【方差同质性检验(Homogeneity-of-variance)】，缺失值处理方法选择【按分析顺序排除个案】系统默认设置。

(1)【统计量 (Statistics)】复选框：选择输出统计量。
- 描述性(Descriptive)：要求输出描述统计量。选择此项输出观测值容量、均值、标准差、标准误、最小值、最大值、各组中每个因变量的 95％置信区间。
- 固定和随机效果(Fixed and random effects)：显示固定和随机描述统计量。
- 方差同质性检验(Homogeneity-of-variance)：计算 Levene 统计量进行方差齐性检验。
- Brown-Forsythe：计算检验组均值相等假设的布朗检验。在方差齐性假设不成立时，这个统计量比 F 统计量更优越。
- Welch：计算检验组均值相等假设的 Welch 统计量，在不具备方差齐性假设时，也是一个比 F 统计量更优越的统计量。

(2)【均值图(Means plot)】：均值折线图。根据各组均值变化描绘出因变量的分布情况。

(3)【缺失值(Missing Values)】选项组中提供了缺失值处理方法，该选项和均值比较过程中的缺失值选项意义相同。

7. 结果分析

设置完成后，在单因素方差分析对话框中单击【确定】按钮，SPSS 就会根据设置进行运算，并将结算结果输出到 SPSS 结果输出窗口中。

1) 描述统计量

描述统计量如表 5-2 所示，给出了水稻品种分组的样本含量 N、平均数 Mean、标准差 Std.Deviation、标准误 Std.Error、95％的置信区间、极小值和极大值。

表 5-2　描述统计量

虫数

	N	均值	标准差	标准误	均值的 95% 置信区间		极小值	极大值
					下限	上限		
1	3	40.00	1.000	.577	37.52	42.48	39	41
2	3	35.00	2.000	1.155	30.03	39.97	33	37
3	3	36.00	1.732	1.000	31.70	40.30	35	38
4	3	38.00	1.000	.577	35.52	40.48	37	39
5	3	33.00	1.732	1.000	28.70	37.30	31	34
总数	15	36.40	2.823	.729	34.84	37.96	31	41

2) 方差齐次检验

方差齐次检验将给出方差齐性检验的结果，如表 5-3 所示，显著性 0.580>0.05，保留原假设，即符合方差齐性的假设。可以进行下一步的方差分析，此结论在选择多重比较方法时作为一个条件。

表 5-3　方差齐次检验

虫数

Levene 统计量	df1	df2	显著性
.750	4	10	.580

3) 单因素方差分析

方差分析表如表 5-4 所示，给出了方差分析的结果：

第 1 栏是方差来源，包括组间变差(Between Groups)；组内变差(Within Groups)和总变差(Total)。

第 2 栏是离差平方和(Sum of Squares)，组间离差平方和为 87.600，组内离差平方和为 24.000，总离差平方和为 111.600，是组间离差平方和与组内离差平方和相加之和。

第 3 栏是自由度 df，组间自由度为 4，组内自由度为 10；总自由度为 14。

第 4 栏是均方(Mean Square)，是第 2 栏与第 3 栏之比；组间均方为 21.900，组内均方为 2.400。

第 5 栏是 F 值 9.125(组间均方与组内均方之比)。

第 6 栏：F 值对应的概率值，针对假设 H_0：组间均值无显著性差异。计算的 F 值为 9.125，对应的概率值为 0.002，小于 0.05，即符合 5 种品种虫数的平均值无显著性差异的原假设。

表 5-4 方差分析表

虫数

	平方和	df	均方	F	显著性
组间	87.600	4	21.900	9.125	.002
组内	24.000	10	2.400		
总数	111.600	14			

4) 多重比较

从表 5-5 的结论已知该例子的方差具有齐次性,因此 LSD 方法适用。

第 1 栏的第 1 列"[I]品种"为比较基准品种,第 2 列"[J]品种"是比较品种。

第 2 栏是比较基准品种平均数减去比较品种平均数的差值(Mean Difference),均值之间在 0.05 水平上有显著性差异,在平均数差值上用*号表明。

第 3 栏是差值的标准误。

第 4 栏是差值检验的显著性水平。

第 5 栏是差值的 95%置信范围的下限和上限。

表 5-5 LSD 法进行的多重比较表

因变量:虫数

	(I) 水稻品种	(J) 水稻品种	均值差 (I-J)	标准误	显著性	95% 置信区间	
						下限	上限
LSD	1	2	5.000	1.265	.003	2.18	7.82
		3	4.000	1.265	.010	1.18	6.82
		4	2.000	1.265	.145	-.82	4.82
		5	7.000	1.265	.000	4.18	9.82
	2	1	-5.000	1.265	.003	-7.82	-2.18
		3	-1.000	1.265	.448	-3.82	1.82
		4	-3.000	1.265	.039	-5.82	-.18
		5	2.000	1.265	.145	-.82	4.82
	3	1	-4.000	1.265	.010	-6.82	-1.18
		2	1.000	1.265	.448	-1.82	3.82
		4	-2.000	1.265	.145	-4.82	.82
		5	3.000	1.265	.039	.18	5.82
	4	1	-2.000	1.265	.145	-4.82	.82
		2	3.000	1.265	.039	.18	5.82
		3	2.000	1.265	.145	-.82	4.82
		5	5.000	1.265	.003	2.18	7.82

续表

	(I) 水稻品种	(J) 水稻品种	均值差 (I-J)	标准误	显著性	95% 置信区间	
						下限	上限
	5	1	-7.000	1.265	.000	-9.82	-4.18
		2	-2.000	1.265	.145	-4.82	.82
		3	-3.000	1.265	.039	-5.82	-.18
		4	-5.000	1.265	.003	-7.82	-2.18

*.均值差的显著性水平为 0.05。

表 5-6 是用 Duncan 法进行的多重比较的结果：

第 1 栏为品种，按均数由小到大排列。

第 2 栏列出了计算均数用的样本数。

第 3 栏列出了在显著水平 0.05 上的比较结果，表的最后一行是均数方差齐次性检验概率水平，$p>0.05$ 说明各组方差具有齐次性。

多重比较比较表显著性差异差异的判读：在同一列的平均数表示没有显著性差异，反之则具有显著性的差异。

例如，品种 3 横向看，平均数显示在第 3 列"2"小列，与它同列显示的有品种 2 的平均数，说明与品种 2 差异不显著(0.05 水平)，再往右看，平均数显示在第 3 列"3"小列，与它同列显示的有品种 4 的平均数，说明与品种 4 差异不显著(0.05 水平)。则品种 3 与品种 5 和品种 1 具有显著性的差异(0.05 水平)。

表 5-6 Duncan 法多重比较

虫数

	水稻品种	N	alpha = 0.05 的子集			
			1	2	3	4
Duncana	5	3	33.00			
	2	3	35.00	35.00		
	3	3		36.00	36.00	
	4	3			38.00	38.00
	1	3				40.00
	显著性		.145	.448	.145	.145

将显示同类子集中的组均值。

a.将使用调和均值样本大小=3.000。

5) 结果分析

根据方差分析表输出的 p 值为 0.002 可以看出，无论临界值取 0.05，还是取 0.01，p 值均小于临界值。因此否定 H_0 假设，水稻品种对稻丛卷叶螟幼虫抗虫性有显著性意义，结论是稻丛卷叶螟幼虫的数量在不同品种间有明显的不同。

根据该结论选择抗稻丛卷叶螟幼虫水稻品种，犯错误的概率几乎为 0.008。只有在方差分析中 F 检验存在差异显著性时，才有比较的统计意义。

LSD 法多重比较表明：

品种 1 与品种 2、品种 3 和品种 5 之间存在显著性差异；
品种 2 与品种 1 和品种 4 之间存在显著性差异；
品种 3 与品种 1 和品种 5 之间存在显著性差异；
品种 4 与品种 2 和品种 5 之间存在显著性差异；
品种 5 与品种 1、品种 3 和品种 4 之间存在显著性差异。

Duncan 法多重比较表明：

品种 5 与品种 3、品种 4 和品种 1 之间存在显著性差异。
品种 2 与品种 4 和品种 1 之间存在显著性差异；
品种 3 与品种 5 和品种 1 之间存在显著性差异；
品种 4 与品种 5 和品种 2 之间存在显著性差异。

5.3 多因素方差分析

5.3.1 多因素方差分析的定义和基本原理

1. 多因素方差分析的定义

多因素方差分析中的控制变量在两个或两个以上，它的研究目的是要分析多个控制变量的作用、多个控制变量的交互作用以及其他随机变量是否对结果产生了显著影响。例如，在获得教学效果的时候，不能单纯考虑教学方法，还要考虑不同风格教材的影响，因此这是两个控制变量交互作用的效果检验。

2. 多因素方差分析的基本原理

多因素方差分析不仅需要分析多个控制变量独立作用对观察变量的影响，还要分析多个控制变量交互作用对观察变量的影响，及其他随机变量对结果的影响。因此，需要将观察变量总的离差平方和分解为三个部分：

- 多个控制变量单独作用引起的平方和。
- 多个控制变量交互作用引起的离差平方和。
- 其他随机因素引起的离差平方和。

以两个因素为例，可以表示为

$$Q_{总}=Q_{控1}+Q_{控2}+Q_{控1控2}+Q_{随}$$

其中，Q 表示各部分对应的离差平方和。多因素方差分析比较 $Q_{控1}$，$Q_{控2}$，$Q_{控1控2}$，$Q_{随}$ 占 $Q_{总}$ 的比例，以此推断不同因素以及因素之间的交互作用是否给观测变量带来显著影响。

5.3.2 操作过程

【例 5-2】分析三组男女学生的金融工程成绩的差异性，金融工程成绩如表 5-7 所示。

表 5-7 三组男女学生的金融工程成绩

人 名	金融工程	组 别	性 别
za	99	0	m
ls	88	0	f
wm	99	0	m
tyh	89	0	m
ll	94	0	f
s	90	0	
wv	79	2	m
wb	56	2	f
wm	89	2	m
ss	99	2	m
df	70	2	f
gg	89	2	m
hh	55	1	f
bb	50	1	m
vv	67	1	f
qa	67	1	m
xx	56	1	f
bb	56	1	m

1. 打开【单变量】对话框

选择【分析(Analysis)】→【一般线性(General Linear Model)】→【单变量(Univariate)】命令。

2. 选择观测变量和控制变量

将变量"金融工程"移入观测变量【因变量(Dependent Variable)】框中，将变量"性别"和"组别"移入控制变量【固定因子(Fixed Factor(s))】框中，因为这两者都是固定效应而非随机效应的，如图5-4所示。设置完成后单击【确定】按钮完成操作。

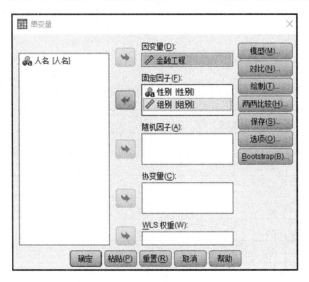

图 5-4 【单变量】对话框

3. 选择多重比较

单击【两两比较(Post Hoc)】按钮，弹出【两两比较 (Post Hoc)】对话框。在【因子(Factors)】列表框中选择"组别"变量移至【两两比较(Post Hoc)】列表框，并勾选 LSD、S-N-K(S)选项。这里表示要进行【组别】变量的两两多重比较。再单击【继续(Continue)】按钮，返回主对话框。

4. 指定模型

SPSS 默认是对所有的影响作用都要做检验，例如本例是 2 个因素，就需要做 3 个假设检验，分析控制变量主效应和交互效应。这种考虑了所有情况的模型称为饱和模型，如果不选择模型，则 SPSS 按默认的饱和模型完成多因素方差分析。

单击【模型】按钮进入模型选择对话框，在【指定模型(Specify Model)】单选框组中选择【设定(Custom)】即自定义模型，在【构建项(Build Terms)】框中的【类型(Type)】下拉列表中有 6 个选项，分别介绍如下：

(1) 【主效应(Main effect)】：即控制因素单独对观测变量的影响，选择此项时只需直接将控制变量移入右边框中即可。

(2) 【交互(Interaction)】：交互效应，即两个以上因素的交互作用对观测变量的影响，选择此项时，要同时选中两个以上变量。本例中，选择两个变量的主效应和它们的交互效应后就等价于饱和模型了；对于【所有二阶(All 2-way)】到【所有五阶(All 5-way)】表示从 2 次到 5 次的所有效应，这些选项使用很少。本例中只分析主效应，不选交叉效应。单击【继续】按钮回到主对话框。

5. 对比检验

单击【对比(contrast)】按钮进入图 5-5 所示对话框，选择控制变量，在下拉列表中选择【简单(Simple)】后单击【更改 Change)】按钮就可以进行对比检验。

【对比】下拉列表中的选项：【偏差(Diviation)】表示检验观测变量总的均值和各水平上均值的差异，【简单(Simple)】表示检验【第一水平(First)】或【最后水平(Last)】与各水平均值的差异，Difference 表示当前水平均值和前一水平均值比较，Helmert 表示当前水平均值和后一水平均值比较。

这里对"性别"变量进行 Simple 检验。单击【继续】按钮回到主对话框。

图 5-5　【单变量对比】对话框

6. 选择轮廓图

单击【绘制(Plot)】按钮，弹出【轮廓图 (Profile Plots)】对话框，在该对话框中设置均值轮廓图。根据研究需要选择是否画图。

从【因子(Factors)】列表框中选择一个因素变量移入【水平轴(Horizontal Axis)】列表框定义轮廓图的横坐标。选择另一个因素变量移入【单图(S)】列表框定义轮廓图的区分线。如果需要的话再从【因子(Factors)】列表框中选择一个因素变量移入【多图(P)】列表框定义轮廓图的区分图。

选择完成后，单击【添加(Add)】按钮加以确定。需要对加入图清单框的选择结果进行修正，可单击【更改(Change)】和【删除(Remove)】按钮。

7. 结果讨论

1) 主体间因子以及误差同行检验

SPSS 输出结果文件中的主体间因子以及误差同行检验表：表 5-8 给出了观测变量的基本信息，即性别、组别，以及各自的观测值数量。

表 5-8 主体间因子

		N
性别	f	7
	m	11
组别	0	6
	1	6
	2	6

表 5-9 给出了方差齐性的伴随概率，Sig.=0.879，大于 0.05，则保留原假设，符合方差齐性的原假设。

表 5-9 误差方差等同性的 Levene 检验[a]

因变量:金融工程

F	df1	df2	Sig.
.339	5	12	.879

检验零假设，即在所有组中因变量的误差方差均相等。

a. 设计：截距 + 性别 + 组别 + 性别 * 组别

2) 主体间效应的检验

输出的主体间效应的检验，结果文件中如表 5-10 所示。给出了组间、组内以及总的离差平方和，F 检验的伴随概率值全部小于 0.05 的显著性水平，表明 F 检验是显著的。各个组的金融工程成绩并不完全相同。

表 5-10 主体间效应的检验

因变量:金融工程

源	II 型平方和	df	均方	F	Sig.
校正模型	4605.917a	5	921.183	17.163	.000
截距	107648.000	1	107648.000	2005.604	.000
性别	319.740	1	319.740	5.957	.031
组别	3290.333	2	1645.167	30.651	.000

续表

源	II 型平方和	df	均方	F	Sig.
性别 * 组别	599.843	2	299.922	5.588	.019
误差	644.083	12	53.674		
总计	112898.000	18			
校正的总计	5250.000	17			

a. R 方 = .877(调整 R 方 = .826)

3) K 矩阵对比结果

输出的对比结果(K 矩阵)文件，如表 5-11 所示。

表 5-11 对比结果(K 矩阵)

性别　简单对比 a		因变量
		金融工程
级别 1 和级别 2	对比估算值	-9.194
	假设值	0
	差分(估计-假设)	-9.194
	标准 误差	3.595
	Sig.	.025
	差分的 95% 置信区间　下限	-17.026
	上限	-1.362

a. 参考类别 =2

4) 两两比较

输出的变量间两两比较结果文件如表 5-12 所示。两两比较的伴随概率 P 值，即 Sig.值全部小于 0.05，表明各组间存在显著性差异。

表 5-12 多个比较

因变量:金融工程

	(I) 组别	(J) 组别	均值差值 (I-J)	标准误差	Sig.	95%置信区间	
						下限	上限
LSD	0	1	34.67	4.230	.000	25.45	43.88
		2	12.83	4.230	.010	3.62	22.05
	1	0	-34.67	4.230	.000	-43.88	-25.45
		2	-21.83	4.230	.000	-31.05	-12.62
	2	0	-12.83	4.230	.010	-22.05	-3.62
		1	21.83	4.230	.000	12.62	31.05

5) 同类子集

输出的同类子集的 SNK 检验(用 Student Range 分布进行所有各组均值间的配对比较)结果，如表 5-13 所示。

表 5-13 同类子集

金融工程

	组别	N	子集		
			1	2	3
Student-Newman-Keulsa,b	1	6	58.50		
	2	6		80.33	
	0	6			93.17
	Sig.		1.000	1.000	1.000

已显示同类子集中的组均值。
基于观测到的均值。
误差项为均值方 (错误) = 53.674。
a. 使用调和均值样本大小 = 6.000。
b. Alpha = .05。

5.4 协方差分析

5.4.1 协方差的定义和基本原理

1. 协方差的定义

协方差分析是将那些很难控制的因素作为协变量，在排除协变量影响的条件下，分析控制变量对观察变量的影响，从而更加准确地对控制因素进行评价。

2. 协方差的基本原理

在协方差分析中，将观察变量总的离差平方和分解为由因变量引起的、由因变量的交互作用引起的、由协变量引起的和由其他随机因素引起的。以双因素协方差分析为例，观察变量总的离差平方和可以分解为

$$Q_{总} = Q_{协} + Q_{控1} + Q_{控2} + Q_{控1控2} + Q_{随}$$

也可以理解为

$$Q_{总} - Q_{协} = Q_{控1} + Q_{控2} + Q_{控1控2} + Q_{随}$$

即在扣除了协变量对观察变量的影响后，分析因变量对观察变量的影响。协方差分析也采用 F 检验法，处理计算思路和多因素方差分析相似。

5.4.2 操作过程

【例 5-3】医学研究想证明正常成年人体重与超重者的血清胆固醇是否存在差异。而胆固醇含量可能与年龄有关系,具体实验数据如表 5-14 所示。建立模型分析体重对人体胆固醇含量的影响,同时也要兼顾年龄的因素。

表 5-14 实验数据

正常组		超重组	
年 龄	胆 固 醇	年 龄	胆 固 醇
48	3.5	58	7.3
33	4.6	41	4.7
51	5.8	71	8.4
43	5.8	76	8.8
44	4.9	49	5.1
63	8.7	33	4.9
49	3.6	54	6.7
42	5.5	65	6.4
40	4.9	39	6
47	5.1	52	7.5
41	4.1	45	6.4
41	4.6	58	6.8
56	5.1	67	9.2

1. 画图界面选择观测变量

选择菜单栏中的【图形(Graphs)】→【旧对话框(Legacy Dialogs)】→【散点/点状】→弹出【散点图/点图(Scatter/Dot)】对话框,如图 5-6 所示。单击【简单分布(Simple/ Scatter)】按钮,弹出【简单散点图(Simple Scatterplot)】对话框,如图 5-7 所示。

在候选变量列表框中选择"胆固醇"变量移入【Y 轴(Y Axis)】列表框中,选择"年龄"变量移入【X 轴(X Axis)】列表框中,选择"组别"变量移入【设置标记(Set Markers by)】列表框中,如图 5-7 所示。

2. 打开【单变量】对话框

选择菜单栏中的【分析(Analyze)】→【一般线性模型(General Linear Model)】→【单变量(Univariate)】命令,弹出【单变量(Univariate)】对话框。

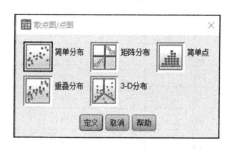

图 5-6 【散点图/点图】对话框

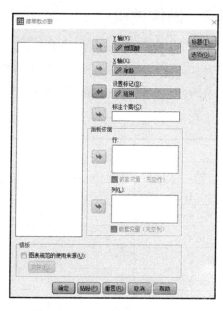

图 5-7 【简单散点图】对话框

3. 设置相关变量

在候选变量列表框中选择"胆固醇"变量作为因变量,将其添加至【因变量(Dependent Variable)】列表框中。

选择"组别"作为因素变量,将其添加至【固定变量(Fixed Variable(s))】列表框中。

选择"年龄"作为协变量,将其添加至【协变量(Covariate(s))】列表框中,如图 5-8 所示。

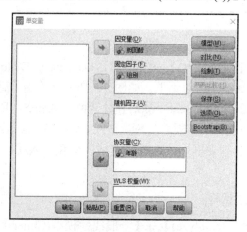

图 5-8 【单变量】对话框

4. 设置其他选项选择

单击【选项(Options)】按钮,弹出【选项(Options)】对话框。勾选【描述统计(Descriptive)】复选框表示输出描述性统计量;勾选【方差齐性检验(Homogeneity-of-variance)】复选框表示输出方差齐性检验表。再单击【继续(Continue)】按钮,返回主对话框。

也可根据数据特点及您的实验要求,选择不同的均值多重比较方法。

5. 完成操作

单击【确定】按钮,操作完成。

6. 结果分析

1) 散点图

散点图中,年龄为 X 轴,胆固醇为 Y 轴,体重组别作为分组标记,作出的散点图如图 5-9 所示。从图中看到,实验对象的年龄和体内血清胆固醇含量呈较为明显的线性关系,且不同组别的斜率都基本相同。因此,可以将年龄变量作为协变量参与协方差分析。

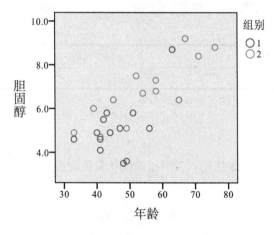

图 5-9 散点图

2) 描述性统计分析表

表 5-15 和表 5-16 是对样本数据的基本描述结果。表 5-15 列出了两个组别的样本个数。

表 5-15 不同组别样本容量

主体间因子

		N
组别	1	13
	2	13

表 5-16 列出了不同体重级别人群胆固醇含量的样本均值和标准差。从数值大小比较看，这两组人群胆固醇含量有一定的差异性，可以进一步采用方差分析。

表 5-16 描述性统计量表

因变量:胆固醇

组 别	均 值	标准 偏差	N
1	5.092	1.3067	13
2	6.785	1.4416	13
总计	5.938	1.6005	26

3) 方差齐性检验

SPSS 的结果报告接着列出了方差齐性检验结果，如表 5-17 所示。表格首先显示 Levene 统计量等于 0.818。由于概率 P 值 0.375 明显大于显著性水平 0.05，故认为两组样本数据的方差是相同的，满足方差齐性的原假设。

表 5-17 误差方差等同性的 Levene 检验[a]

因变量:胆固醇

F	df1	df2	Sig.
.818	1	24	.375

检验零假设，即在所有组中因变量的误差方差均相等。

a. 设计：截距 + 年龄 + 组别

4) 协方差检验结果

协方差检验结果如表 5-18 所示，表中相关统计量值和概率 P 值，可以说明协方差模型的有效性。

表 5-18 协方差检验结果

因变量:胆固醇

源	III 型平方和	df	均 方	F	Sig.
校正模型	42.995a	2	21.498	23.493	.000
截距	1.527	1	1.527	1.668	.209
年龄	24.380	1	24.380	26.642	.000
组别	4.458	1	4.458	4.872	.038
误差	21.047	23	.915		
总计	980.940	26			
校正的总计	64.042	25			

a. $R^2 = .671$（调整 $R^2 = .643$）

同样可以快速进行单因素方差分析，来比较其与协方差的异同，表 5-19 列出了只考虑体重级别的胆固醇单因素方差分析结果。

表 5-19　单因素方差分析结果

因变量:胆固醇

源	III 型平方和	df	均　方	F	Sig.
校正模型	18.615a	1	18.615	9.835	.004
截距	916.898	1	916.898	484.425	.000
组别	18.615	1	18.615	9.835	.004
误差	45.426	24	1.893		
总计	980.940	26			
校正的总计	64.042	25			

a. R 方 = .291(调整 R 方 = .261)

两种方差分析结果中，因变量的总变量(Corrected Total)都是 64.042。同时单因素方差模型中，随机因素的可解释变差等于 45.426。但是在协方差模型中，随机因素的可解释变差降低为 21.047，这是由于扣除了年龄的影响造成的。这进一步说明了年龄变量对因变量的影响。不仅如此，体重级别可解释的变差由原来的 18.615 减少为 4.458，这是因为扣除了年龄因素的影响造成的。

可见，年龄因素对人体内胆固醇含量有显著的影响；同时，在排除了年龄因素的影响后，不同体重级别对胆固醇含量也存在显著的差异。超重组的胆固醇含量要高于正常组的胆固醇含量，如表 5-16 所示。

5.5　实训项目

1. 单因素方差分析实训项目

基金投资方面的杂志报告了股票和债券基金的收益和费用比率(单位：%)。10 种大规模资本股票基金、10 种小额资本股票基金、10 种混合型股票基金和 10 种专项股票基金的费用比率的数据如表 5-20 所示。

(1) 请检验这 4 种类型股票基金之间的平均费用比率的差异性。

(2) 混合型股票基金的费用比率是另外三种类型基金费用比率的平均水平吗？

表 5-20　不同基金类型的费率状况

混合型股票基金	专项股票基金	小额资本股票基金	大规模基本股票基金
2	1.6	1.3	1.2
2.7	2.7	1.2	1.1

续表

混合型股票基金	专项股票基金	小额资本股票基金	大规模基本股票基金
1.8	2.6	1.1	1
1.5	2.5	1.9	1.9
2.5	1.9	2.3	1.3
1	1.5	1.5	1.8
0.9	1.6	1.4	1.4
1.9	2.7	1.7	1.7
1.4	2.2	1.2	1
0.3	0.7	2	2

2. 多因素方差分析实训项目

假设人力资源研究人员想研究职业为财务管理、计算机程序员和药剂师的男女雇员每周的薪金之间是否有显著性差异。从每种职业中分别选取 5 名男性和 5 名女性组成样本，并且记录下样本中每个人的周薪金(单位：美元)。所得数据如表 5-21 所示。请你分析职业和性别对薪金有无显著影响。

表 5-21 不同职业与性别的周薪状况调查

周薪	职业	性别	周薪	职业	性别
872	财管	男	884	计算机	女
859	财管	男	765	计算机	女
1028	财管	男	685	计算机	女
1117	财管	男	700	计算机	女
1019	财管	男	671	计算机	女
519	财管	女	1105	药剂师	男
702	财管	女	1144	药剂师	男
805	财管	女	1085	药剂师	男
558	财管	女	903	药剂师	男
591	财管	女	998	药剂师	男
747	计算机	男	813	药剂师	女
766	计算机	男	985	药剂师	女
901	计算机	男	1006	药剂师	女
690	计算机	男	1034	药剂师	女
881	计算机	男	817	药剂师	女

第 6 章

相 关 分 析

事物的存在非孤立性，而是相互联系、相互制约的。如身高与体重、体温与脉搏、年龄与血压等都存在联系。说明客观事物相互间关系的密切程度并用适当的统计指标表示出来，这个过程就是相关分析。虽然事物之间相关，但不一定存在因果关系，也可能仅是伴随关系；如果事物之间有因果关系，则两者必然相关。

6.1 实训目的与基本原理

6.1.1 实训目的与要求

1. 基本概念把握

了解和掌握相关分析、偏相关分析、定距分析的概念和基本原理，掌握皮尔逊(Pearson)相关系数、Spearman 等级相关系数、Kendall's 等级相关系数的异同及其应用。

2. 掌握操作过程

掌握简单定距数据的相关分析、偏相关分析以及距离相关分析的操作过程，尤其是变量的设置，以及距离相关分析中相似性和不相似性分析的比较。

3. 实际问题分析

能够应用学过的简单相关分析、偏相关分析以及距离相关分析的原理和操作过程，解决实际的问题。

6.1.2 实训的基本原理

1. 相关分析的基本概念

任何事物的变化都与其他事物是相互联系和相互影响的，用于描述事物数量特征的变量之间自然也存在一定的关系。变量之间的关系归纳起来可以分为两种类型，即函数关系和统计关系。

1) 函数关系

函数关系是指事物或现象之间存在着严格的依存关系，其主要特征是它的确定性，即对一个变量的每一个值,另一个变量都具有惟一确定的值与之相对应。变量之间的函数关系通常可以用函数式 $Y = f(x)$ 确切地表示出来。

2) 相关关系

相关关系反映出变量之间虽然相互影响,具有依存关系,但彼此之间是不能一一对应的。例如,学生成绩与其智力因素、各科学习成绩之间的关系,教育投资额与经济发展水平的关系,社会环境与人民健康的关系等等,都反映出客观现象中存在的相关关系。

3) 相关系数

相关系数是在直线相关条件下,说明两个变量之间相关程度以及相关方向的统计分析指标。相关系数一般可以通过计算得到。作为样本相关系数,常用字母 r 表示;作为总体相关系数,常用字母 p 表示。

2. 相关分析的基本原理

简单相关分析是研究两个变量之间关联程度的统计方法。它主要是通过计算简单相关系数来反映变量之间关系的强弱,一般有图形和数值两种表示方式。

1) 相关图

在统计中制作相关图,可以直观地判断事物现象之间大致呈现何种关系。相关图是相关分析的重要方法。利用直角坐标系第一象限,把第一个变量置于横轴上,第二个变量置于纵轴上,而将两个变量对应的变量值用坐标点形式描绘出来,用以表明相关点分布状况的图形就是相关图。

2) 相关系数类型

虽然相关图能够展现变量之间的数量关系,但这也只是一种直观判断方法。因此,可以计算变量之间的相关系数。对不同类型的变量应当采取不同的相关系数来度量,常用的相关系数主要有:

(1) 皮尔逊(Pearson)相关系数。即积差相关系数,适用于研究连续变量之间的相关程度。Pearson 相关系数适用于线性相关的情形,对于曲线相关等更为复杂的情形,系数的大小并不能代表其相关性的强弱。计算公式如下:

$$r = \frac{\sum_{i=1}^{n}(x_i - \bar{x})(y_i - \bar{y})}{\sqrt{\sum_{i=1}^{n}(x_i - \bar{x})^2 \sum_{i=1}^{n}(y_i - \bar{y})^2}}$$

利用相关系数 r 的大小可以判断变量间相关关系的密切程度:

- 当 $r>0$ 时,表示两变量正相关,$r<0$ 时,两变量为负相关。
- 当 $|r|=1$ 时,表示两变量为完全线性相关,即为函数关系。
- 当 $r=0$ 时,表示两变量间无线性相关关系。
- 当 $0<|r|<1$ 时,表示两变量存在一定程度的线性相关。且 $|r|$ 越接近 1,两变量间线

性关系越密切；|r|越接近于 0，表示两变量间线性相关关系越弱。

可按三级划分：
- |r|<0.4 为低度线性相关；
- 0.4≤|r|<0.7 为显著性线性相关；
- 0.7≤|r|<1 为高度线性相关。

对 Pearson 简单相关系数的统计检验是计算 t 统计量，t 统计量服从 $n-2$ 个自由度的 t 分布。SPSS 会自动计算 r 统计量和 t 值，并依据 t 分布表给出其对应的相伴概率值。

(2) Spearman 等级相关系数。Spearman 等级相关系数用来度量顺序水准变量间的线性相关关系。它是利用两变量的秩次大小作线性相关分析，适用条件为：两个变量的变量值是以等级次序表示的资料；一个变量的变量值是等级数据，另一个变量的变量值是等距或比率数据，且其两总体不要求是正态分布，样本容量 n 不一定大于 30。

等级相关的应用范围要比积差相关广泛，它的突出优点是对数据的总体分布、样本大小都不做要求。但缺点是计算精度不高。斯皮尔曼等级相关系数常用符号 r_R 来表示。其基本公式如下：

$$r_R = 1 - \frac{6\sum D^2}{n(n^2-1)}$$

D 是两个变量每对数据等级之差，n 是两列变量值的对数。Spearman 相关系数计算公式可以完全套用 Pearson 相关系数的计算公式，但公式中的 x 和 y 用它们的秩次代替即可。

(3) Kendall's 等级相关系数。用于反映分类变量相关性的指标，适用于两个变量均为有序分类的情况。这种指标采用非参数检验方法测度变量间的相关关系。它利用变量的秩计算一致对数目和非一致对数目。显然，如果两变量具有较强的正相关，则一致对数目 U 应较大；但若两变量相关性较弱，则一致对数目 U 和非一致对数目 V 应大致相等。SPSS 将自动计算它的相关系数、检验统计量和对应的概率 P 值。

6.2 简单相关分析

6.2.1 双变量过程

调用此过程可对变量进行相关关系的分析，计算有关的统计指标，以判断变量之间相互关系的密切程度。调用该过程命令时允许同时输入两变量或两个以上变量，但系统输出的是变量间两两相关的相关系数。

6.2.2 操作过程

【例 6-1】某金融分析软件公司通过在全国多地的代理商，来研究其金融分析软件产品的广告投入与销售额的关系，研究人员随机选择 10 家代理商进行考察，并整理收集年广告投入费和月平均销售额的数据,并编制成相关表,如表 6-1 所示。

表 6-1　广告费与月平均销售额相关表

编号	广告投入(万元) x	月均销售额(万元) y
1	12.5	21.2
2	15.3	23.9
3	23.2	32.9
4	26.4	34.1
5	33.5	42.5
6	34.4	43.2
7	39.4	49
8	45.2	52.8
9	55.4	59.4
10	60.9	63.5

1. 打开主菜单

选择菜单栏中的【分析(Analyze)】→【相关(Correlate)】→【双变量(Bivariate)】命令,弹出【双变量相关(Bivariate Correlations)】对话框,如图 6-1 所示,这是简单相关检验的主操作窗口。

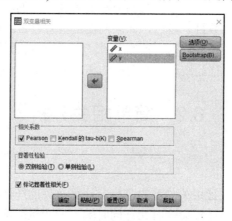

图 6-1　【双变量相关】对话框

2. 选择检验变量

在【双变量相关(Bivariate Correlations)】对话框左侧的候选变量列表框中选择两个或两个以上变量添加至【变量(Variables)】列表框中,如图 6-1 所示,表示需要进行简单相关分析的变量。

3. 选择相关系数类型

在【相关系数(Correlation Coefficients)】选项组中可以选择计算简单相关系数的类型。本例选择 Pearson 检验。

- Pearson：系统默认项，即积差相关系数，计算连续变量或等间距测度的变量间的相关分析。
- Kendall：等级相关，计算分类变量间的秩相关。
- Spearman：等级相关，斯皮尔曼相关系数。

对于非等间距测度的连续变量，因为分布不明可以使用等级相关分析，也可以使用 Pearson 相关分析；对于完全等级的离散变量必须使用等级相关分析相关性。当资料不服从双变量正态分布或总体分布型未知，或原始数据是用等级表示时，宜用 Spearman 或 Kendall 相关。

4. 假设检验类型选择

在【显著性检验(Test of Significance)】选项组中可以选择输出的假设检验类型，对应有两个选项。本例选择双侧检验。

- 【双侧检验(Two tailed)】：系统默认项，双尾检验，当事先不知道相关方向(正相关还是负相关)时选择此项。
- 【单侧检验(One tailed)】：单尾检验，如果事先知道相关方向可以选择此项。

同时，勾选【标记显著性相关(Flag significant Correlations)】复选框，表示输出结果中对在显著性水平 0.05 下显著相关的相关系数用一个星号"*"加以标记；对在显著性水平 0.01 下显著相关的相关系数用两个星号"**"标记。

5. 其他选项选择

单击【选项(Options)】按钮，弹出的对话框(见图 6-2)用于指定输出内容和关于缺失值的处理方法，主要包括以下选项。

图 6-2 【双变量相关性：选项】对话框

1) 统计量(Statistics)

用于选择输出统计量。

- 【均值和标准差(Means and standard deviations)】：将输出选中的各变量的观测值数目、均值和标准差。
- 【叉积偏差和协方差(Cross-product deviations and covariances)】：输出反映选中的每一对变量之间的叉积离差矩阵和协方差矩阵。

2) 缺失值(Missing Values)

用于设置缺失值的处理方式。

- 【按对排除个案 (Exclude cases pairwise)】：系统默认项。剔除当前分析的两个变量值是缺失的个案。
- 【按列表排除个案(Exclude cases listwise)】：表示剔除所有含缺失值的个案后再进行分析。

本例，统计量勾选【均值和标准差(Means and standard deviations)】，缺失值默认选择【按列表排除个案(Exclude cases listwise)】。

6. 相关统计量的 Bootstrap 估计

单击 Bootstrap 按钮，在弹出的对话框中可以进行如下统计量的 Bootstrap 估计。本例保持默认设置。

- 描述统计表支持均值和标准差的 Bootstrap 估计。
- 相关性表支持相关性的 Bootstrap 估计。

7. 完成操作

单击【继续】按钮，结束操作，SPSS 软件自动输出结果。

8. 结果分析

1) 描述性统计量

给出了二元变量的均值，标准差以及观测变量的自由度信息，如表 6-2 所示。

表 6-2 描述性统计量

	均　值	标 准 差	N
x	34.620	16.0523	10
y	42.250	14.2875	10

2) 相关性

给出了二元定距(scale)变量的相关分析的相关系数，并标记出二元变量的显著性相关，相关系数为 0.994，表明两变量之间呈现高度相关性，如表 6-3 所示。Pearson 简单相关系数用来衡量定距变量间的线性关系。

表 6-3 相关性

		x	y
x	Pearson 相关性	1	.994**
	显著性(双侧)		.000
	N	10	10
y	Pearson 相关性	.994**	1
	显著性(双侧)	.000	
	N	10	10

**. 在 .01 水平(双侧)上显著相关。

6.3 偏相关分析

6.3.1 偏相关分析的基本原理

1. 偏相关分析

偏相关分析就是在研究两个变量之间的线性相关关系时控制可能对其产生影响的变量。事物之间的联系可能存在于多个主体之间，因此往往因为第三个变量的作用使得相关系数不能真实地反映两个变量间的线性相关程度。例如身高、体重与肺活量之间的关系，如果使用 Pearson 相关计算其相关系数，可以得出肺活量、身高和体重均存在较强的线性相关性质。实际上，对体重相同的人而言，身高值越大其肺活量也不一定越大。因为身高与体重有着线性关系，肺活量与体重有着线性关系，因此得出了身高与肺活量之间存在较强的线性关系的错误结论。

2. 基本原理

偏相关分析是在相关分析的基础上考虑了两个因素以外的各种作用，或者说在扣除了其他因素的作用大小以后，重新来测度这两个因素间的关联程度。这种方法的目的就在于消除其他变量关联性的传递效应。

偏相关系数在计算时可以先分别计算三个因素之间的相关系数，然后通过这三个简单相关系数来计算偏相关系数，公式如下：

$$r_{12(3)} = \frac{r_{12} - r_{13}r_{23}}{\sqrt{1-r_{13}^2}\sqrt{1-r_{23}^2}}$$

上式就是在控制了第三个因素的影响后所计算的第一、第二个因素之间的偏相关系数。当考虑一个以上的控制因素时的公式类推。

6.3.2 偏相关分析的操作过程

【例 6-2】已知有某河流的一年月平均流量观测数据和该河流所在地区当年的月平均雨量和月平均温度观测数据，如表 6-4 所示。试分析温度与河水流量之间的相关关系。

表 6-4 月均流量观测状况

月平均流量	平均雨量	平均气温
0.5	0.1	-8.8
0.3	0.1	-11
0.4	0.4	-2.4
1.4	0.4	6.9
3.3	2.7	10.6
4.7	2.4	13.9
5.9	2.5	15.4
4.7	3	13.5
0.9	1.3	10
0.6	1.8	2.7
0.5	0.6	-4.8
0.3	0.2	-6

1. 打开【偏相关】对话框

选择菜单栏中的【分析(Analyze)】→【相关(Correlate)】→【偏相关(Partial Correlations)】命令，弹出【偏相关(Partial Correlations)】对话框，如图 6-3 所示，这是偏相关检验的主操作窗口。

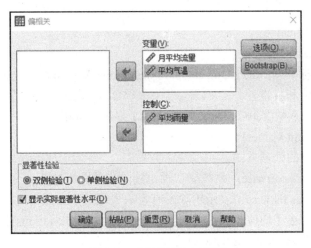

图 6-3 【偏相关】对话框

2. 选择检验变量

在【偏相关(Partial Correlations)】对话框左侧的候选变量列表框中,选择两个或两个以上变量,将其添加至【变量(Variables)】列表框中,表示需要进行偏相关分析的变量。本例将"月平均流量""气温"设为变量。

3. 选择控制变量

在【偏相关(Partial Correlations)】对话框左侧的候选变量列表框中至少选择一个变量,将其添加至【控制(Controlling for)】列表框中,表示在进行偏相关分析时需要控制的变量。注意如果不选入控制变量,则进行的是简单相关分析。

本例将"平均雨量"设为控制(Controlling for)变量。

4. 假设检验类型选择

在【显著性检验(Test of Significance)】选项组中可以选择输出的假设检验类型,对应有以下两个选项。

- 【双侧检验(Two tailed)】:系统默认项。双尾检验,当事先不知道相关方向(正相关还是负相关)时选择此项。
- 【单侧检验(One tailed)】:单尾检验,如果事先知道相关方向,则可以选择此项。

同时,勾选【显示实际显著性水平(Flag significant Correlations)】复选框。它表示选择此项后,输出结果中对在显著性水平 0.05 下显著相关的相关系数用一个星号*加以标记;对在显著性水平 0.01 下显著相关的相关系数用两个星号**标记。

5. 其他选项选择

单击【选项】按钮,弹出的对话框用于指定输出内容和关于缺失值的处理方法,主要包括以下选项。

1) 统计量(Statistics)

用于选择输出统计量。

- 【均值和标准差(Means and standard deviations)】：将输出选中的各变量的观测值数目、均值和标准差。
- 【零阶相关系数(Zero-order correlation)】：显示零阶相关矩阵，即 Pearson 相关矩阵。

2) 缺失值(Missing Values)

用于设置缺失值的处理方式。

- Exclude cases pairwise：系统默认项。剔除当前分析的两个变量值是缺失的个案。
- Exclude cases listwise：表示剔除所有含缺失值的个案后再进行分析。

本例，统计量勾选【均值和标准差(Means and standard deviations)】，缺失值默认选择【按列表排除个案(Exclude cases listwise)】。

6. 相关统计量的 Bootstrap 估计

单击 Bootstrap 按钮，在弹出的对话框中可以进行如下统计量的 Bootstrap 估计。本例，保持默认设置。

- 描述统计表支持均值和标准差的 Bootstrap 估计。
- 相关性表支持相关性的 Bootstrap 估计。

7. 完成操作

单击【确定】按钮，结束操作，SPSS 软件自动输出结果。

8. 结果分析

1) 描述性统计量

表中给出了个变量的均值、标准差和变量的非缺失值例数，如表 6-5 所示。

表 6-5 描述性统计量

	均 值	标 准 差	N
月平均流量	1.958	2.0852	12
平均气温	3.333	9.5812	12
平均雨量	1.292	1.1261	12

2) 相关系数

在月平均雨量作为控制变量的条件下，月平均流量和月平均气温间的偏相关为 0.365，概率 p 值为 0.270，在显著性水平为 0.05 的条件下，月平均流量和月平均气温呈正相关关系，说明月平均流量和月平均气温有线性影响，但影响有限，见表 6-6。

表 6-6 相关性

控制变量			月平均流量	平均气温	平均雨量
-无-a	月平均流量	相关性	1.000	.836	.855
		显著性(双侧)	.	.001	.000
		df	0	10	10
	平均气温	相关性	.836	1.000	.867
		显著性(双侧)	.001	.	.000
		df	10	0	10
	平均雨量	相关性	.855	.867	1.000
		显著性(双侧)	.000	.000	.
		df	10	10	0
平均雨量	月平均流量	相关性	1.000	.365	
		显著性(双侧)	.	.270	
		df	0	9	
	平均气温	相关性	.365	1.000	
		显著性(双侧)	.270	.	
		df	9	0	

a. 单元格包含零阶 (Pearson) 相关。

6.4 距离相关分析

6.4.1 距离相关分析的定义和基本原理

1. 距离相关分析的定义

距离相关分析是对观测量之间或变量之间相似或不相似程度的一种测量。距离相关分析可用于同一变量内部各个取值间，以考察其相互接近程度；也可用于变量间，以考察预测值对实际值的拟合优度。

2. 距离相关分析的基本原理

距离分析是对观测量之间或变量之间相似或不相似程度的一种测度，是计算一对变量之间或一对观测量之间的广义距离。根据变量的不同类型，可以有许多距离、相似程度测量指标供用户选择。但由于本模块只是一个预分析过程，因此距离分析并不会给出常用的 p 值，而只能给出各变量/记录间的距离大小，以供用户自行判断相似性。

6.4.2 距离相关分析操作过程

【例6-3】某医生用8份标准血红蛋白样品作三次平行检测,结果如表6-7所示,问检测结果是否一致。

表6-7 三次试验记录情况

	1	2	3	4	5	6	7	8	9	10
第一次	38.32	38.16	38.19	37.94	38.22	37.73	37.57	37.63	38.07	38.47
第二次	38.44	38.07	37.98	38.16	37.88	37.94	37.88	37.82	38.25	38.13
第三次	37.76	38.28	37.85	37.82	38.32	37.54	37.51	37.88	37.98	38.63

1. 打开【距离】对话框

选择菜单栏中的【分析(Analyze)】→【相关(Correlate)】→【距离(Distances)】命令,弹出【距离(Distances)】对话框,这是距离相关分析的主操作窗口,如图6-4所示。

图6-4 【距离】对话框

2. 选择检验变量

在【距离(Distances)】对话框左侧的候选变量列表框中选择两个或两个以上变量,即"第一次""第二次""第三次"试验结果,添加至【变量(Variables)】列表框中,表示需要进行距离分析的变量。

同时可以选择一个字符型标示变量移入【标注个案(Label Cases)】列表框中,在输出中将用这个标示变量值对各个观测量加以标记。缺省时,输出中用观测量的序号来标记。

3. 选择分析类型

在【计算距离(Compute Distances)】选项组中可以选择计算何种类型的距离。

- 【个案间(Between cases)】：系统默认项。表示作变量内部观察值之间的距离相关分析。
- 【变量间(Between variables)】：表示作变量之间的距离相关分析。

在本例中，因三次平行测量结果分别置于三个变量中，故选择后者。

4. 测度类型选择

在【度量标准(Measure)】选项组中可以选择分析时采用的距离类型。

- 【不相似性(Dissimilarities)】：系统默认项，不相似性测距。系统默认采用欧式距离测度观测值或变量之间的不相似性。
- 【相似性(Similarities)】：相似性测距。系统默认使用 Pearson 相关系数测度观测值或变量之间的相似性。

若选择【非相似性(Dissimilarities)】并单击【度量(Measure)】按钮，将弹出【距离：非相似性度量(Distance:Dissimilarity Measure)】对话框(见图 6-5)，用户可根据数据特征选用测距方法。

图 6-5 【非相似性度量】对话框

1) 区间资料(interval)

【Euclidean 距离(distance)】：以两变量差值平方和的平方根为距离。

【平方 Euclidean 距离(Squared Euclidean distance)】：以两变量差值平方和为距离。

【Chebychev 距离(distance)】：以两变量绝对差值的最大值为距离；

【块(Block)】：以两变量绝对差值之和为距离；

【Minkowski 距离(distance)】：以两变量绝对差值 p 次幂之和的 p 次根为距离；

【设定距离(Customized)】：以两变量绝对差值 p 次幂之和的 r 次根为距离。

2) 计数资料(count)

【卡方统计量度量(Chi-square measure)】：χ^2 值测距；

【Phi 平方统计量度量(Phi-square measure)】：ψ^2 值测距，即将 χ^2 测距值除合计频数的平方根。

3) 二分类变量(Binary)

【Euclidean 距离(distance)】：二分差平方和的平方根，最小为 0，最大无限；

【平方 Euclidean 距离(Squared Euclidean distance)】：二分差平方和，最小为 0，最大无限。

【尺度差分(Size difference)】：最小距离为 0，最大无限。

【模式差别(Pattern difference)】：从 0 至 1 的无级测距。

【方差(Variance)】：以方差为距，最小为 0，最大无限。

【Lance and Williams】：Bray-Curtis 非等距系数，界于 0 至 1 之间。

若选择【相似性(Similarties)】并单击【度量(Measure)】按钮，将弹出【距离：相似性度量(Distance: Similarity Measure)】对话框(见图 6-6)，用户可根据数据特征选用测距方法。

图 6-6 【距离相似性度量】对话框

选择【相似性(Similarities)】时各种数据类型可用的测距方法有以下几种。

1) 区间资料(Interval)

● 【Pearson 相关性(Pearson correlation)】：以 Pearson 相关系数为距离。

- 【余弦(Cosine)】：以变量矢量的余弦值为距离，界于-1 至+1 之间。
2) 二分类变量(Binary)
- Russell and Rao：以二分点乘积为配对系数。
- 【简单匹配(Simple matching)】：以配对数与总对数的比例为配对系数。
- Jaccard：相似比例，分子与分母中的配对数与非配对数给予相同的权重。
- 【股子(Dice)】：Dice 配对系数，分子与分母中的配对数给予加倍的权重。
- Rogers and Tanimoto：Rogers and Tanimoto 配对系数，分母为配对数，分子为非配对数，非配对数给予加倍的权重。
- Sokal and Sneath 1：Sokal and Sneath Ⅰ型配对系数，分母为配对数，分子为非配对数，配对数给予加倍的权重。
- Sokal and Sneath 2：Sokal and Sneath Ⅱ型配对系数，分子与分母均为非配对数，但分子给予加倍的权重。

SPSS 给出 20 种二分类变量，读者可以根据需要，深入研究。

本例选择【相似性(Similarities)】选项，并以【Pearson 相关性(Pearson correlation)】为测量距离。单击【继续(Continue)】按钮返回【距离(Distance)】对话框。

5. 完成操作

单击【继续】按钮，结束操作，SPSS 软件自动输出结果。

6. 结果分析

在结果输出窗口可看到三次测量结果的相关系数矩阵，如表 6-8 所示。第一次测量与第二次测量结果的 $r = 0.583$，第一次测量与第三次测量结果的 $r = 0.729$，第二次测量与第三次测量结果的 $r = 0.094$，由此可见，后两次测量的结果一致性较差，故对该指标作重复测量意义不大。

表 6-8　近似矩阵

	值向量间的相关性		
	第一次	第二次	第三次
第一次	1.000	.583	.729
第二次	.583	1.000	.094
第三次	.729	.094	1.000

这是一个相似性矩阵

6.5 实训项目

1. 双变量定距(scale)数据简单相关分析实训项目

表 6-9 给出了金融学专业的投资学和金融学期末考试成绩,现要研究该班学生的投资学和金融学成绩之间是否具有相关性。

表 6-9 学生成绩状况

姓 名	投 资 学	金 融 学
lsh	99	90
hq	88	99
cc	65	70
lyy	89	78
gyy	94	88
ll	90	88
zs	79	75
zh	95	98
hy	95	98
yy	80	99
dd	70	89
gr	89	98
grr	85	88
lzh	50	60
gj	87	87
gl	87	87
xx	86	88
wyz	76	79

2. 偏相关分析实训项目

某农场通过试验取得某农作物产量与春季降雨量和平均温度的数据,如表 6-10 所示。现求降雨量对产量的偏相关(将"温度"设为控制变量)。

表 6-10　早稻产量与降雨量和温度之间的关系

产　量	降雨量	温　度
150	25	6
230	33	8
300	45	10
450	105	13
480	111	14
500	115	16
550	120	17
580	120	18
600	125	18
600	130	20

3. 变量之间的相似性测量分析实训项目

对 6 个标准电子元件的电阻(欧姆)进行 3 次平行测试，测得结果如表 6-11 所示。检验测试结果是否一致。

表 6-11　三次试验记录情况

次　数	1	2	3	4	5	6
第一次	0.14	0.138	0.143	0.141	0.144	0.137
第二次	0.135	0.14	0.142	0.136	0.138	0.14
第三次	0.141	0.142	0.137	0.14	0.142	0.143

第 7 章

回 归 分 析

7.1 实训目的与基本原理

7.1.1 实训目的与要求

1. 基本概念把握

帮助学生深入巩固回归、一元回归、多元回归、拟合优度、回归系数、残差、以及拟合优度检验、回归系数检验、回归方程的显著性检验的概念和内涵。

2. 掌握操作过程

掌握 SPSS 线性回归中一元回归、多元回归的操作过程，尤其要掌握因变量、自变量、统计量、绘制、选项、保存等功能的设置，掌握实验结果的描述过程，能够对实验结果进行分析、归纳和总结。

3. 实际问题分析

增强学生统计计量分析的实践能力，使学生能够利用 SPSS 统计软件进行一元和多元回归分析的操作，能够模仿实训项目，学会应用 SPSS 软件解决学习和生活中的回归分析问题。

7.1.2 实训的基本原理

相关分析和回归分析都是研究变量间关系的统计学课题。在应用中，两种分析方法经常相互结合和渗透，但它们研究的侧重点和应用面不同。

1. 回归分析与相关分析比较

1) 变量地位不同

在回归分析中，变量 y 称为因变量，处于被解释的特殊地位；而在相关分析中，变量 y 与变量 x 处于平等的地位，研究变量 y 与变量 x 的密切程度和研究变量 x 与变量 y 的密切程度是一样的。

2) 变量性质不同

在回归分析中,因变量 y 是随机变量,自变量 x 可以是随机变量,也可以是非随机的确定变量;而在相关分析中,变量 x 和变量 y 都是随机变量。

3) 系数性质不同

相关分析是测定变量之间关系的密切程度,所使用的工具是相关系数;而回归分析则是侧重考察变量之间的数量变化规律,并通过一定的数学表达式来描述变量之间的关系,进而确定一个或者几个变量的变化对另一个特定变量的影响程度。

2. 回归分析的统计学原理

1) 回归分析的模型

回归分析的主要任务就是根据样本数据估计参数,建立回归模型,对参数和模型进行检验和判断,并进行预测等。线性回归数学模型如下:

$$y_i = \beta_0 + \beta_1 x_{i1} + \cdots + \beta_k x_{ik} + \varepsilon_i$$

在模型中,回归系数是未知的,可以在已有样本的基础上,使用小二乘法对回归系数进行估计,得到的样本回归函数如下:

$$y_i = \hat{\beta}_0 + \hat{\beta}_1 x_{i1} + \cdots + \hat{\beta}_k x_{ik} + e_i$$

回归模型中的参数估计出来之后,还必须对其进行检验。如果通过检验发现模型有缺陷,则必须回到模型的设定阶段或参数估计阶段,重新选择被解释变量和解释变量及其函数形式,或者对数据进行加工整理之后再次估计参数。

2) 回归模型的检验

回归模型的检验包括一级检验和二级检验。一级检验又叫统计学检验,它是利用统计学的抽样理论来检验样本回归方程的可靠性,具体又可以分为拟和优度评价和显著性检验;二级检验又称为经济计量学检验,它是对线性回归模型的假定条件能否得到满足进行检验,具体包括序列相关检验、异方差检验等。

7.2 一元线性回归分析过程

7.2.1 线性回归分析的基本步骤

线性回归模型侧重考察变量之间的数量变化规律,并通过线性表达式,即线性回归方程来描述其关系,进而确定一个或几个变量的变化对另一个变量的影响程度,为预测提供科学依据。一般线性回归的基本步骤如下:

(1) 确定回归方程中的自变量和因变量。

(2) 从收集到的样本数据出发确定自变量和因变量之间的数学关系式,即确定回归方程。

(3) 建立回归方程,在一定统计拟合准则下估计出模型中的各个参数,得到一个确定的回归方程。

(4) 对回归方程进行各种统计检验。

(5) 利用回归方程进行预测。

7.2.2 操作过程

【例 7-1】某生物的生长天数与当年 3 月上旬平均气温的数据如表 7-1 所示，分析 3 月上旬平均温度与微生物生长之间的关系。

表 7-1 生物生长和温度的状况

年　份	温　度	天　数
2008	8.6	3
2009	8.3	5
2010	9.7	3
2011	8.5	1
2012	7.5	4
2013	8.4	4
2014	7.3	5
2015	9.7	2
2016	5.4	7
2017	5.5	5

1. 打开对话框

选择菜单栏中的【分析(Analyze)】→【回归(Regression)】→【线性(Linear)】命令，弹出【线性回归(Linear Regression)】对话框，如图 7-1 所示，这是线性回归分析的主操作窗口。

2. 选择因变量

在【线性回归(Linear Regression)】对话框左侧的候选变量列表框中选择一个变量，将其添加至【因变量(Dependent)】列表框中，即选择该变量作为一元线性回归的因变量。本例因变量是微生物生长"天数"。

3. 选择自变量

在【线性回归(Linear Regression)】对话框左侧的候选变量列表框中选择一个变量，将其添加至【自变量(Independent(s))】列表框中，即选择该变量作为一元线性回归的自变量。本例自变量是"温度"。

4. 选择回归模型中自变量的进入方式

在【方法(Method)】下拉列表框中可以选择自变量的进入方式，一共有五种方法。单击【自变量(Independent(s))】列表框上方的【下一张(Next)】按钮，选定的这一组自变量将被系统自动保存在一个自变量块(Block)中。接下来选择另一组自变量，单击【下一张(Next)】按钮将它们保存在第二个自变量块中。重复上述操作，可以保存若干个自变量块。若需要输出以其中一组变量为自变量的回归方程，可以通过单击【前一张(Previous)】按钮和【下一张(Next)】按钮来选择。

5. 样本的筛选

从图 7-1 所示对话框的候选变量列表框中选择一个变量，将其移至【选择变量(Selection Variable)】列表框中，表示要按照这个变量的标准来筛选样本进行回归分析。具体操作可以在【规则(Rule)】窗口中实现。

6. 选择个案标签

从候选变量列表框中选择一个变量移入【个案标签(Case Labels)】列表框中，它的取值将作为每条记录的标签。这表示在指定作图时，以哪个变量作为各样本数据点的标志变量。

7. 选择加权二乘法变量

从候选变量列表框中选择一个变量移入【WLS 权重(WLS Weigh)】列表框中，表示选入权重变量进行权重最小二乘法的回归分析。

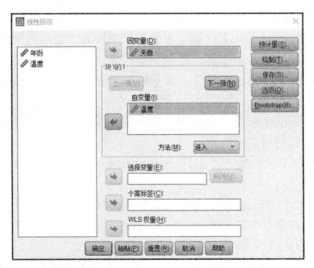

图 7-1 【线性回归】对话框

8. 设置【统计量(Statistics)】

选择输出需要的描述统计量，如图 7-2 所示，本例选中估计、模型拟合度复选框。其中，【回归系数(Regression Coefficients)】选项组用于定义回归系数的输出情况，【残差(Residuals)】选项组用于选择输出残差诊断的信息。各功能介绍如下。

图 7-2　设置统计量对话框

(1)【估计(Estimates)】：可输出回归系数 B 及其标准误，回归系数的 t 检验值和概率 p 值，还有标准化的回归系数 beta。

(2)【置信区间(Confidence intervals)】：每个回归系数的 95%置信区间。

(3)【协方差矩阵(Covariance matrix)】：方差—协方差矩阵。

(4)【模型拟合度(Model fit)】：模型拟合过程中进入、退出的变量的列表；以及一些有关拟合优度的检验统计量，例如 R、R^2 和调整的 R^2、估计值的标准误及方差分析表。

(5)【R 方变化(R squared change)】：显示每个自变量进入方程后 R^2、F 值和 p 值的改变情况。

(6)【描述性(Descriptives)】：显示自变量和因变量的有效数目、均值、标准差等，同时还给出一个自变量间的相关系数矩阵。

(7)【部分相关和偏相关性(Part and partial correlations)】：显示自变量间的相关、部分相关和偏相关系数。

(8)【共线性诊断(Collinearity diagnostics)】：多重共线性分析，输出各个自变量的特征根、方差膨胀因子、容忍度等。

(9)【Durbin-Watson】：残差序列相关性检验。

(10)【个案诊断(Casewise diagnostic)】：对标准化残差进行诊断，判断有无奇异值(Outliers)。

9. 设置【绘制(Plots)】

用于选择需要绘制的回归分析诊断或预测图,如图 7-3 所示,本例选正态概率图,这里坐标轴不做设置,学生可以自行做相关的设置练习。

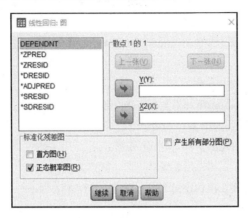

图 7-3　【线性回归:图】对话框

用户可以将图 7-3 中选择的部分变量作为 X(横坐标)和 Y(纵坐标)。同时还可以通过单击【下一张(Next)】按钮来重复操作过程。绘制更多的图形。

(1) DEPENDENT:因变量。

(2) *ZPRED:标准化预测值。

(3) *ZRESID:标准化残差。

(4) *DRESID:剔除的残差。

(5) ADJPRED:调整后的预测值。

(6) SRESID:学生化残差。

(7) SDRESID:学生化剔除残差。

在【标准化残差图(Standardized Residual Plots)】选项组中,可以选择输出标准化残差图,其中包括以下选项:

- 直方图(Histogram):标准化残差的直方图。
- 正态概率图(Normal probality plot):标准化残差的正态概率图(P-P 图),将标准化残差与正态分布进行比较。
- 产生所有部分图(Produce all partial plots):每一个自变量对于因变量残差的散点图。

10. 设置【保存(Save)】

将预测值、残差或其他诊断结果值作为新变量保存于当前工作文件或新文件。本例选【残差】中的【未标准化】项。

1) 预测值

【预测值(Predicted Values)】为预测栏，用于选择输出回归模型的预测值。

- 【未标准化(Unstandardized)】：未标准化的预测值。
- 【标准化(Standardized)】：标准化的预测值。
- 【调整(Adjusted)】：经调整的预测值。
- 【均值预测的 S. E.(S. E. of mean predictions)】：预测值的标准误差。

2) 残差

【Residuals(残差)】为残差栏，包含以下选项。

- 【未标准化(Unstandardized)】：未标准化残差。
- 【标准化(Standardized)】：标准化残差。
- 【学生化(Studentized)】：学生化残差。
- 【删除(Deleted)】：剔除残差。
- 【学生化已删除(Studentized Deleted)】：学生化剔除残差。

3) 距离

【距离(Distances)】为距离栏，包含以下选项。

- Mahalanobis：马氏距离。
- 【Cook's 距离】：库克距离。
- 【杠杆值(Leverage values)】：杠杆值。

4) 影响统计量

【影响统计量(Influence Statistics)】反映剔除了某个自变量后回归系数的变化情况。

- Df Beta(s)：由排除一个特定的观测值所引起的回归系数的变化。
- 【标准化 DfBeta(Standardized Dfbeta(s))】：标准化的 DfBeta 值。
- DfFit：拟合值之差，由排除一个特定的观测值所引起的预测值的变化。
- 【标准化 DfFit(Standardized DfFit)】：标准化的 DfFit 值。
- 【协方差比率(Covariance ratio)】：带有一个特定的剔除观测值的协方差矩阵与带有全部观测量的协方差矩阵的比率。

5) 预测区间

【预测区间(Prediction intervals)】为预测区间栏。

- 【均值(Mean)】：均值预测区间的上下限。
- 【单值(Individual)】：因变量单个观测量的预测区间。
- 【置信区间(Confidence interval)】：默认值为 95%，所键入的值必须在 0 到 100 之间。

11. 设置 Bootstrap

可以进行如下统计量的 Bootstrap 估计。

- 描述统计表支持均值和标准差的 Bootstrap 估计。
- 相关性表支持相关性的 Bootstrap 估计。
- 模型概要表支持 Durbin-Watson 的 Bootstrap 估计。
- 系数表支持系数、B 的 Bootstrap 估计和显著性检验。
- 相关系数表支持相关性的 Bootstrap 估计。
- 残差统计表支持均值和标准差的 Bootstrap 估计。

12. 完成操作

单击【继续】按钮，结束操作，SPSS 软件自动输出结果。

13. 结果分析

1) 回归模型的拟和优度

给出了回归模型的拟和优度(R Square)、调整的拟和优度(Adjusted R Square)、估计标准差(Std. Error of the Estimate)以及 Durbin－Watson 统计量。从结果来看，回归的可决系数和调整的可决系数分别为 0.595 和 0.544，拟和优度较高；DW 检验值大于 2，说明相邻两点的残差为负相关，如表 7-2 所示。

表 7-2　回归模型拟和优度评价及 Durbin－Watson 检验结果

模型	R	R 方	调整 R 方	标准 估计的误差	Durbin-Watson
1	.771a	.595	.544	1.16711	2.191

2) 方差分析

从回归模型的方差分析表可以看出，F 统计量为 11.748，对应的 p 值为 0.009，如表 7-3 所示。所以，拒绝模型整体不显著的原假设，即该模型的整体是显著的。

表 7-3　方差分析表

模型		平方和	df	均方	F	Sig.
1	回归	16.003	1	16.003	11.748	.009
	残差	10.897	8	1.362		
	总计	26.900	9			

3) 回归模型系数

回归模型的方差分析表如表 7-4 所示，温度与微生物生长天数的关系极为密切，相关系数为 0.771，同时方差分析结果表明，其显著性水平为 0.009，拒绝模型整体不显著的原假设，即该模型的整体是显著的。常数项为 10.911，温度自变量的系数为-0.889，回归方程为 $y=10.911-0.889x$。

表 7-4　回归系数

模型		非标准化系数		标准系数	t	Sig.
		B	标准误差			
1	(常量)	10.911	2.078		5.250	.001
	温度	-.889	.259	-.771	-3.428	.009

4) 标准化残差的 P-P 图

为了判断随机扰动项是否服从正态分布,通过观察标准化残差的 P-P 图(见图 7-4)。可以发现,各观测的散点基本上都分布在对角线上,据此可以初步判断残差服从正态分布。

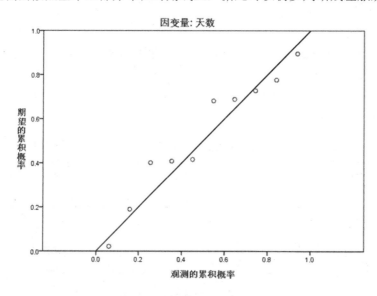

图 7-4　标准化残差的 P-P 图

7.3　多元回归分析过程

7.3.1　多元回归模型

上一节讨论的回归问题只涉及了一个自变量,但在实际问题中,影响因变量的因素往往有多个。例如,商品的需求除了受自身价格的影响外,还要受到消费者收入、其他商品的价格、消费者偏好等因素的影响;影响水果产量的外界因素有平均气温、平均日照时数、平均湿度等。在回归分析中,如果有两个或两个以上的自变量,就称为多元回归。多元回归模型是用来进行回归分析的数学模型(含相关假设)称为回归模型。

7.3.2 多元回归实例分析

【例 7-2】根据某课题的实际调查数据,某地在影响农民收入(Y)因素中引入 3 个解释变量:财政用于农业支出的比重(X1),乡村从业人员占农村人口的比重(X2),农作物播种面积(X3),数据如表 7-5 所示。

表 7-5　农民收入影响因素状况

年 份	Y	X1	X2	X3
2001	196.76	9.42	49.23	146553.9
2002	220.53	9.98	49.93	148362.3
2003	223.25	10.26	50.92	149585.8
2004	233.19	10.05	51.53	149007.01
2005	265.67	9.49	51.86	147740.7
2006	335.16	9.2	52.12	148240.6
2007	411.29	8.43	52.41	149879.3
2008	460.68	8.82	53.23	152380.6
2009	477.96	8.3	54.93	153969.2
2010	474.02	10.69	55.84	155705.7
2011	466.8	8.23	57.16	156372.8
2012	466.16	7.75	59.33	156299.9
2013	469.8	7.71	60.62	155707.9
2014	468.85	7.17	62.02	154635.5
2015	476.24	7.12	63.72	152415
2016	499.36	9.67	65.64	153552.6
2017	521.2	7.22	67.59	155487.7

由于多元线性回归模型是一元回归模型的推广,因此两者在 SPSS 软件中的操作步骤非常相似。

1. 打开【线性回归】对话框

选择菜单栏中的【分析(Analyze)】→【回归(Regression)】→【线性(Linear)】命令,弹出【线性回归(Linear Regression)】对话框。这既是一元线性回归,也是多元线性回归的主操作窗口。

2. 选择变量等设置

通过选择因变量和自变量来构建线性回归模型。因变量：农民收入(Y)；自变量：财政用于农业支出的比重(X1)，乡村从业人员占农村人口的比重(X2)，农作物播种面积(X3)。自变量方法选择：进入，个案标签不设置，不使用权重最小二乘法回归分析，即 WLS 权重为空。

3. 设置【统计量(Statistics)】

单击【统计量(Statistics)】按钮，勾选【回归系数(Regression Coefficients)】选项组中的【估计(Estimates)】复选框；勾选【残差(Residuals)】选项组中的 Durbin-Watson、【个案诊断(Casewise diagnostics)】复选框；接着勾选【模型拟合度(Model fit)】、【共线性诊断(Collinearity diagnostics)】复选框，如图 7-5 所示。单击【继续(Continue)】按钮。

图 7-5 【线性回归统计量】对话框

4. 设置【绘制(plot)】

单击【绘制(plot)】按钮，选择【*ZPRED(标准化预测值)】作为纵轴变量，选择【因变量(DEPENDNT)】作为横轴变量；勾选【标准化残差图(Standardized Residual Plots)】选项组中的【直方图(Histogram)】、【正态概率图(Normal probability plot)】复选框，如图 7-6 所示。单击【继续(Continue)】。

5. 设置【保存(Save)】

点击【保存(Save)】按钮，勾选【预测值(Predicted Vaniues)】和【残差(Residuals)】选项组中的【未标准化(Unstandardized)】复选框【继续(Continue)】按钮。

6. 设置【选项(Options)】

单击【选项(Options)】按钮，采用默认设置，单击【继续(Continue)】按钮。

图 7-6　绘制图形的设置

7. 结果分析

1) 引入/剔除变量表

该表显示模型最先引入的变量是：农作物播种面积(X3)，第二个引入的变量是：财政用于农业支出的比重(X1)，第三个引入的变量是：乡村从业人员占农村人口的比重(X2)，没有变量被剔除，如表 7-6 所示。

表 7-6　变量的引入和删除

输入 / 移去的变量 [b]

模　型	输入的变量	移去的变量	方　法
1	X3, X1, X2[a]	.	输入

a. 已输入所有请求的变量。

b. 因变量：Y

2) 模型汇总

该表显示模型的拟合情况。从表 7-7 中可以看出，模型的复相关系数(R)为 0.913，判定系数(R Square)为 0.833，调整判定系数(Adjusted R Square)为 0.795，估计值的标准误差(Std. Error of the Estimate)为 52.86519，Durbin-Watson 检验统计量为 0.535，当 DW<2 时说明相邻两点残差正相关。

表 7-7　模型汇总

模型汇总 [b]

模　型	R	R^2	调整 R^2	标准 估计的误差	Durbin-Watson
1	.913[a]	.833	.795	52.86519	.535

a. 预测变量：(常量), X3, X1, X2。

b. 因变量：Y

3) 方差分析

该表显示各模型的方差分析结果。从表 7-8 中可以看出，模型的 F 统计量的观察值为 21.666，概率 p 值为 0.000，所以，拒绝模型整体不显著的原假设，即该模型的整体是显著的。

表 7-8 方差分析

Anova[b]

模型		平方和	df	均 方	F	Sig.
1	回归	181650.027	3	60550.009	21.666	.000[a]
	残差	36331.466	13	2794.728		
	总计	217981.494	16			

a. 预测变量: (常量), X3, X1, X2。

b. 因变量: Y

4) 回归系数

多元线性回归的系数列表。表 7-9 中显示了模型的偏回归系数(B)、标准误差(Std. Error)、常数(Constant)、标准化偏回归系数(Beta)、回归系数检验的 t 统计量观测值和相应的概率 p 值(Sig.)、共线性统计量显示了变量的容差(Tolerance)和方差膨胀因子(VIF)。X1，X2，X3 三者的方差膨胀因子 VIF 分别为 1.726、2.717 和 2.177，均小于 10。且三者的容忍度均大于 0.1(一般情况下，容忍度小于 0.1 或 0.2，VIF 大于 5 或 10 认为存在共线问题)。所以可以判断解释变量 X1 和 X2 和 X3 三者之间不存在多重共线性。

表 7-9 回归系数

系数[a]

模 型		非标准化系数		标准系数	t	Sig.	共线性统计量	
		B	标准 误差				容 差	VIF
1	(常量)	-2983.552	803.175		-3.715	.003		
	X1	-14.218	15.008	-.141	-.947	.361	.579	1.726
	X2	5.199	3.760	.258	1.383	.190	.368	2.717
	X3	.021	.006	.614	3.677	.003	.459	2.177

a. 因变量: Y

由表 7-9 可以确立，线性模型的方程为

$$Y=-2983.47+14.221X1+5.201X2+0.021X3。$$

从构建的模型可以知道，农民的收入水平与财政用于农业支出的比重(X1)成正相关的关系，财政每增加一元用于农业，农民的收入增加 14.221 元。乡村从业人员占农村人口的比重(X2)增加 1%，农民收入增加 5.201%，农民的收入(Y)虽与作物的播种面积(X3)成正比例关系，但作用不明显。

5) 共线诊断

如表 7-10 所示，1 维特征值为 3.976，特征值 2、3、4 维的特征值接近于 0，说明变量间相关性较高，3、4 维条件指数大于 30 表明，存在共线的问题，有可能是因为样本量过少造成的。

表 7-10 共线性诊断

共线性诊断 [a]

模 型	维 数	特 征 值	条件索引	方差比例			
				(常量)	X1	X2	X3
1	1	3.976	1.000	.00	.00	.00	.00
	2	.022	13.538	.00	.26	.06	.00
	3	.002	45.347	.04	.69	.69	.02
	4	.000	182.483	.96	.05	.25	.98

6) 残差统计量

表 7-11 为回归模型的残差统计量，标准化残差(Std. Residual)的绝对值最大为 1.542，没有超过默认值 3，没有发现奇异值。

表 7-11 残差统计量

残差统计量 [a]

	极 小 值	极 大 值	均 值	标准偏差	N
预测值	229.0239	544.1539	392.1718	106.55105	17
残差	-66.55427	81.53066	.00000	47.65204	17
标准 预测值	-1.531	1.426	.000	1.000	17
标准 残差	-1.259	1.542	.000	.901	17

a. 因变量: Y

7) 回归标准化残差的直方图

回归标准化残差的直方图如图 7-7 所示，正态曲线也被显示在直方图上，用以判断标准化残差是否呈正态分布。但是由于样本数只有 17 个，所以只能大概判断其呈正态分布。

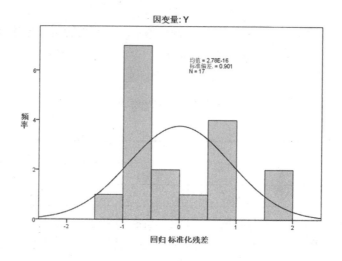

图 7-7　回归标准化残差图

8) 回归标准化的正态 P-P 图

回归标准化的正态 P-P 图如图 7-8 所示,该图给出了观测值的残差分布与假设的正态分布的比较,由图可知标准化残差散点分布靠近直线,因而可判断标准化残差呈正态分布。

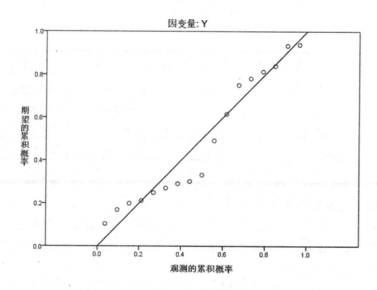

图 7-8　回归标准化的正态 P-P 图

9) 回归标准化的正态 P-P 图

因变量与回归标准化预测值的散点图如图 7-9 所示,其中 DEPENDENT 为 x 轴变量,*ZPRED 为 y 轴变量。由图可见,两变量呈直线趋势。

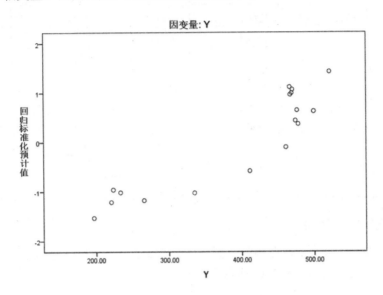

图 7-9　回归标准化预测值的散点图

7.4　实训项目

1. 一元线性回归实训项目

已知江苏省国内生产总值(GDP)(亿元)和全社会用电量(TEC-Total Electricity Consumed)(亿千瓦时)的增长状况如表 7-12 所示,分析江苏省国内生产总值与全社会用电量间的关系。

表 7-12　1978-2007 年江苏省 GDP 和全 TEC 增长状况

年　份	GDP	TEC	年　份	GDP	TEC
1978	249	5712	1983	438	7644
1979	299	6302	1984	519	8012
1980	320	6587	1985	652	8705
1981	350	6913	1986	745	9382
1982	390	7236	1987	922	10290

续表

年 份	GDP	TEC	年 份	GDP	TEC
1988	1209	11550	1998	7200	27729
1989	1322	12664	1999	7698	29877
1990	1417	13789	2000	8554	31932
1991	1601	15147	2001	9457	33861
1992	2136	16653	2002	10607	35300
1993	2998	18291	2003	12443	39140
1994	4057	19989	2004	15004	44070
1995	5155	21722	2005	18599	50841
1996	6004	23654	2006	21742	62200
1997	6680	25424	2007	26018	71329

2. 多元回归实训项目

用多元回归分析来分析商业银行 36 个员工多个心理变量值(X1～X8)对员工幸福感的预测效果,测得试验数据如表 7-13 所示。

表 7-13 银行员工心理变量和幸福感度量状况

X1	X2	X3	X4	X5	X6	X7	X8	幸福感
66	64	62	50	58	56	1.08	1	25
55	50	59	59	53	51	1	1.11	22
50	47	49	45	46	46	1.31	1.2	20
55	59	50	54	52	69	1	1	20
55	59	48	56	47	50	1	1	24
62	54	68	46	46	51	1.08	1	23
60	60	56	53	52	51	1.08	1	21
52	52	69	58	57	62	1	1	23
56	55	57	39	44	46	1.69	1	15
50	50	68	46	45	56	1.08	1.14	25
58	54	60	59	52	51	1	1	25
53	52	55	57	65	64	1.08	1	22
52	56	53	57	63	51	1.46	1.43	20
56	65	52	51	62	47	1	1	22
50	63	59	53	55	48	1	1	20

续表

X1	X2	X3	X4	X5	X6	X7	X8	幸福感
63	57	60	66	51	56	1	1	26
56	46	58	50	45	52	2.23	1.29	21
47	50	57	49	50	48	2.08	1.14	20
53	66	53	59	55	45	1	1	25
61	55	58	61	58	61	1.15	1.14	23
59	64	60	52	54	56	1.08	1	26
55	60	72	60	55	67	1.08	1	26
56	52	68	40	51	55	1.85	1.71	30
59	51	61	56	52	56	1	1	25
60	53	62	55	47	63	1.31	1.14	27
52	51	57	45	55	59	1.23	1.14	20
56	57	57	52	59	55	1	1.14	26
68	58	71	68	53	61	1	1	30
60	53	61	60	56	51	1	1	27
64	56	74	50	59	57	1.85	1.14	18
67	53	60	53	53	51	1	1	24
56	56	67	67	56	52	1	1	24
53	46	49	43	50	48	1.31	1.14	19
53	57	65	52	67	59	1.77	1.43	17
60	40	71	57	56	58	1.08	1	24
54	45	44	49	42	46	1	1	23

第 8 章

分 类 分 析

8.1 实训目的与基本原理

8.1.1 实训目的与要求

1. 基本概念把握

通过本实验进一步掌握聚类分析、快速聚类(K-均值聚类)、个案聚类(Q 型聚类)、变量聚类(R 型聚类)、判别分析的概念和基本原理,掌握不同距离函数的基本公式,掌握 Fisher 函数以及 Bayes 判别分析的含义等。

2. 掌握操作过程

通过具体的案例,学会快速聚类(K-均值聚类)、个案聚类(Q 型聚类)、变量聚类(R 型聚类)、判别分析的操作过程,尤其要掌握变量、选项、保存、绘制等功能的设置,以及结果的分析过程。

3. 实际问题分析

通过基本概念的把握以及 K-均值聚类、Q 型聚类、R 型聚类、判别分析的实操,融会贯通各聚类分析的异同和适用场合,学会通过 SPSS 软件进行数据的收集整理,正确使用 SPSS 进行聚类和判别分析,解决实际问题。

8.1.2 实训的基本原理

1. 聚类分析的含义

聚类分析(cluster analysis)是直接比较各事物之间的性质,将性质相近的归为一类,将性质差别较大的归入不同的类的分析技术。它是根据"物以类聚"的道理,对样品和指标进行分类的一种多元统计分析方法。聚类分析要讨论的对象是一大堆样品,要求能按它们各自的特性进行合理的分类。这里没有任何模式可供参考或依循,也就是说是在没有先验知识的情况下进行的。

2. 聚类分析的基本程序

首先根据一批样品的多个观测指标，具体地找出一些能够度量样品或指标之间相似程度的统计量，然后利用统计量将样品或指标进行归类。聚类的主要过程一般可分为如下四个步骤：

(1) 数据预处理(标准化)。
(2) 构造关系矩阵(亲疏关系的描述)。
(3) 聚类(根据不同方法进行分类)。
(4) 确定最佳分类(类别数)。

3. 系统聚类的基本原理

假设存在 n 个样品，如果它们各自成一类，并对样品之间的距离和类与类之间的距离做出规定。首先计算样品之间的距离，开始因每个样品自成一类，类与类之间的距离就是样品之间的距离，将距离最小的两类并为一类，再计算并类后的新类与其他类的距离，接着将距离最小的两类合并为一新类，这样每次减少一类，直到将 n 个样品合为一类为止。最后将上述并类过程画成一张聚类图，按一定原则决定分为几类。

8.2 K-均值聚类

8.2.1 K-均值聚类的含义和基本原理

1. K-均值聚类的含义

快速聚类分析是由用户指定类别数的大样本资料的逐步聚类分析。它先对数据进行初始分类，然后逐步调整，得到最终分类。快速聚类分析的实质是 K-Mean 聚类。SPSS 层次聚类分析对计算机的要求比较高，在大样本的情况下，可以采用快速聚类分析的方法。采用快速聚类分析，得到的结果比较简单易懂，对计算机的性能要求也不高，因此应用也比较广。

2. K-均值聚类的基本原理

(1) 按照指定的分类数目 n，按某种方法选择某些观测量，设为 $\{Z1,Z2,\cdots,Zn\}$，作为初始聚心。

(2) 计算每个观测量到各个聚心的欧氏距离。按就近原则将每个观测量选入一个类中，然后计算各个类的中心位置，即均值，作为新的聚心。

(3) 使用计算出来的新聚心重新进行分类，分类完毕后继续计算各类的中心位置，作为新的聚心，如此反复操作，直到两次迭代计算的聚心之间距离的最大改变量小于初始聚类中心间最小距离的倍数时，或者到达迭代次数的上限时，停止迭代。

8.2.2　K-均值聚类的实例分析

【例 8-1】为了测量大学生学习《SPSS 统计软件应用与实训教程》一书的心理状态与学习效果，主要考察大学生的四个因素：学习动机、学习态度、自我感觉、学习效果。具体数据如表 8-1 所示。将 12 名大学生分成 3 类，以分析不同心理状态下大学生的学习效果。

表 8-1　大学生心理状态和学习效果状况

编　号	学习动机	学习态度	自我感觉	学习效果
1	40	80	54	44
2	37	73	56	46
3	43	70	75	58
4	50	77	85	77
5	47	87	89	63
6	67	70	84	69
7	77	37	57	100
8	80	37	73	82
9	83	40	76	96
10	87	43	75	91
11	60	57	70	85
12	30	50	69	90

由于已知要求分成 3 类，所以可以采取快速分类的方法。

1. 打开【K-均值聚类分析】对话框

选择【分析(analyze)】→【分类(F)】→【K-均值聚类】命令，弹出【K-均值聚类分析】对话框，如图 8-1 所示。

2. 设置变量和快速聚类的组数

从对话框左侧的变量列表中选择 X1、X2、X3、X4 四个变量，移入右侧的【变量(Variables)】框；在【聚类数(Number of Clusters)】文本框中输入需要聚合的组数，本例为 3；聚类【方法(Method)】有两种：【迭代与分类(Iterate and classify)】先指定初始类别中心点，而后按 K-means 算法作叠代分类；【仅分类(Classify only)】指仅按初始类别中心点分类，本例选用前一方法。

图 8-1 【K-均值聚类分析】对话框

3. 设置初始聚类中心

根据需要设置是否制定聚类的初始中心,即是否选择【读取初始聚类中心(E)】【写入最终聚类中心(W)】两项。本例可不选。

4. 设置【迭代】次数

单击【迭代(Iterate)】按钮,设置迭代的最大次数,这里可以选择默认设置 10 次,如图 8-2 所示。

5. 设置【保存】

勾选【聚类成员(C)】以及【与聚类中心的距离(D)】两个选项,如图 8-3 所示。

图 8-2 迭代设置

图 8-3 保存设置

6. 设置【选项】

单击【选项】按钮，设置【统计量】和【缺失值】，这里统计量可以全选，即【初始聚类中心(I)】、【ANOVA 表(A)】、【每个个案的聚类信息(C)】，如图 8-4 所示。

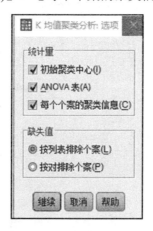

图 8-4　选项设置

7. 结果分析

1) 初始聚类中心

由于没有制定初始聚类的中心，因此列出了系统制定的类中心。与原始数据相比较，分别是 1 号、6 号、7 号个案，如表 8-2 所示。

表 8-2　初始聚类中心

	聚　类		
	1	2	3
学习动机	40	30	77
学习态度	80	50	37
自我感觉	54	69	57
学习效果	44	90	100

2) 迭代历史记录

给出了迭代的次数，迭代了 2 次，聚类分析结束，3 个类的中心内更改为 22.716，21.779 和 16.225，如表 8-3 所示。

表 8-3 迭代历史记录 [a]

迭代	聚类中心内的更改		
	1	2	3
1	22.716	21.779	16.225
2	.000	.000	.000

3) 最终聚类中心

给出聚类的最终聚类的中心，如表 8-4 所示，如第一类的学习动机值为 47，学习态度值为 76，自我感觉值为 72，学习效果值为 56。

表 8-4 最终聚类中心

	聚 类		
	1	2	3
学习动机	47	47	82
学习态度	76	61	39
自我感觉	72	75	70
学习效果	56	84	92

4) 聚类成员

聚类成员表格显示了聚类后，每个序号所对应的类别，即 1、2、3 类，如表 8-5 所示。

表 8-5 聚类成员

	案例号	聚 类	距 离
dimension0	1	1	22.716
	2	1	21.175
	3	1	8.124
	4	2	20.306
	5	1	21.744
	6	1	27.691
	7	3	16.225
	8	3	10.989
	9	3	7.018
	10	3	8.109
	11	2	14.810
	12	2	21.779

5) 每个聚类中的案例数

可以看出 1、2、3 类中分别含有 5、3、4 个案例，如表 8-6 所示。

表 8-6　每个聚类中的案例数

聚类	1	5.000
	2	3.000
	3	4.000
有效		12.000
缺失		.000

6) 分类的保存情况

可以从分类后的变量视图界面中，已经保存的 QCL-1 和 QCL-2 列，看到保存的分类信息，如图 8-5 所示。

编号	学习动机	学习态度	自我感觉	学习效果	QCL_1	QCL_2
1	40	80	54	44	1	22.71563
2	37	73	56	46	1	21.17546
3	43	70	75	58	1	8.12404
4	50	77	85	77	2	20.30599
5	47	87	89	63	1	21.74396
6	67	70	84	69	1	27.69115
7	77	37	57	100	3	16.22498
8	80	37	73	82	3	10.98863
9	83	40	76	96	3	7.01783
10	87	43	75	91	3	8.10864
11	60	57	70	85	2	14.80991
12	30	50	69	90	2	21.77919

图 8-5　分类的保存情况

8.3　Q 型层次聚类

8.3.1　Q 型聚类的基本内涵

1. Q 型聚类的定义

层次聚类分析中的 Q 型聚类，使具有共同特点的样本聚齐在一起，以便对不同类的样本进行分析。Q 型聚类是一种对个案的归类，对个案的聚类分析类似于判别分析，都是将一些观察个案进行分类。聚类分析时，个案所属的群组特点还未知。即，在聚类分析之前，研究者还不知道独立观察组可以分成多少个类，类的特点也无从得知。

2. Q 型聚类的作用原理

Q 型是对样本进行分类处理，其作用在于：

(1) 能利用多个变量对样本进行分类；

(2) 分类结果直观，聚类谱系图能明确、清楚地表达其数值分类结果；

(3) 所得结果比传统的定性分类方法更细致、全面、合理。

8.3.2　Q 型层次聚类的实例分析

【例 8-2】某研究机构，为了研究中国各省的农民家庭收支情况，现抽取了 28 个省、市、自治区的样品，每个样本有 6 个指标，即食品(X_1)、衣着(X_2)、燃料(X_3)、住房(X_4)、生活用品(X_5)及其他和文化生活服务支出(X_6)，对其进行分析。原始数据如表 8-7 所示。

表 8-7　某年中国各省农民家庭收支情况表

序号	地区	X1	X2	X3	X4	X5	X6
1	宁夏	113.74	24.11	6.46	9.61	22.92	2.53
2	天津	135.2	36.4	10.47	44.16	36.4	3.94
3	湖南	164.02	24.74	13.63	22.2	18.06	6.04
4	青海	107.12	16.45	8.98	5.4	8.78	5.93
5	甘肃	95.65	16.82	5.7	6.03	12.36	4.49
6	湖北	140.64	28.26	12.35	18.53	20.95	6.23
7	江西	140.54	21.59	17.64	19.19	15.97	4.94
8	山东	115.84	30.76	12.2	33.61	33.77	3.85
9	黑龙江	116.22	29.57	13.24	13.76	21.75	6.04
10	安徽	153.11	23.09	15.62	23.54	18.18	6.39
11	河北	95.21	22.83	9.3	22.44	22.81	2.8
12	山西	104.78	25.11	6.46	9.89	18.17	3.25
13	浙江	169.92	32.75	12.72	47.12	34.35	5
14	江苏	144.98	29.12	11.67	42.6	27.3	5.74
15	广西	139.08	18.47	14.68	13.41	20.66	3.85
16	新疆	123.24	38	13.72	4.64	17.77	5.75
17	内蒙	128.41	27.63	8.94	12.58	23.99	3.27
18	河南	101.18	23.26	8.46	20.2	20.5	4.3

续表

序 号	地 区	X1	X2	X3	X4	X5	X6
19	辽宁	145.68	32.83	17.79	27.29	39.09	3.47
20	福建	144.92	21.26	16.96	19.52	21.75	6.73
21	陕西	106.02	20.65	10.94	10.11	18	3.29
22	四川	137.8	20.74	11.07	17.74	16.49	4.39
23	吉林	159.37	33.38	18.37	11.81	25.29	5.22
24	贵州	121.67	21.53	12.58	14.49	12.18	4.57
25	云南	124.27	19.81	8.89	14.22	15.53	3.03
26	北京	190.33	43.77	9.73	60.54	49.01	9.04
27	上海	221.11	38.64	12.53	115.65	50.82	5.89
28	广州	182.55	20.52	18.32	42.4	36.97	11.68

1. 打开【系统聚类分析】对话框

选择【分析(analyze)】→【分类(F)】→【系统聚类(H)】命令，弹出【系统聚类分析】对话框，如图 8-6 所示。

2. 设置变量、标注个案和聚类的类型

从对话框左侧的变量列表中选择 X1、X2、X3、X4、X5、X6 六个变量，移入右侧的【变量(Variables)】框；将【标注个案(C)】设置为"地区"；在【分群】选项组中选择【个案】，即 Q 型聚类(注意：若选择【变量】，则属于 R 型聚类)；在【输出】选项组中，可以默认勾选【统计量】和【图】。

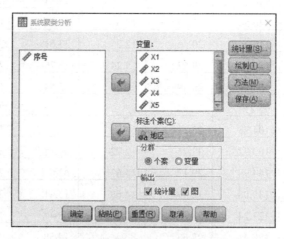

图 8-6 【系统聚类分析】对话框

3. 设置【统计量】

单击【统计量(Statistics)】按钮,弹出【系统聚类分析:统计量(Hierarchical Cluster Analysis: Statistics)】对话框,如图 8-7 所示。勾选【合并进程表(Agglomeration Schedule)】复选框,该选项具有"显示聚类过程"的功能;若勾选【相似性矩阵(Proximity matrix)】复选框,则要求显示各项间的距离矩阵。对于【聚类成员】,可以选择默认设置,勾选【无(none)】单选按钮。单击【继续(Continue)】按钮返回【系统聚类分析(Hierarchical Cluster Analysis)】对话框。

4. 设置【绘制(plot)】

单击【绘制(T)】按钮,本例勾选【树状图(Dendrogram)】,若不选则勾选【无(none)】;绘图方向,可以默认勾选【垂直(Vertical)】,如图 8-8 所示。

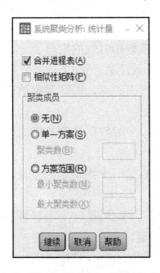

图 8-7 系统聚类分析:统计量对话框

图 8-8 绘图设置

5. 设置【方法(Method)】

单击【方法(Method)】按钮,单击【聚类方法】下拉列表框,本例可选【Ward 法】。【聚类方法】下拉列表中的 7 个选项解释如下:

(1) 组间连接(Between-groups Linkage):合并两类的结果使所有的项之间的平均距离最小。

(2) 组内连接(Whin-groups Linkage):两类合并为一类,合并后的类的所有项之间平均距离最小。

(3) 最近邻因素(Nearest neighbor):首先合并最近或最相似的两项。

(4) 最远邻因素(Furtherest neighbor):两类之间最远点的距离代表两类间的距离,也称为完全连接法。

(5) 质心聚类法(Centroid clustering)：两类间的距离定义为两类重心之间的距离，对样品的分类而言，每一类中心的值就是属于该类样品的均值。

(6) 中位数聚类法(Median clsutering)：两类之间的距离既不采用最近距离也不采用最远距离，而是采用两者之间的距离。

(7) Ward 法：离差平方和法，小类合并的方法。在聚类过程中，使小类内各个样本的欧氏距离总平方和增加最小的两小类合并成一类。

在【度量标准(Measure)】中，单击【区间(Interval)】的下拉箭头，选择一项即可，本例可选【Euclidean 距离】。在选择距离测量技术上，系统提供了 8 种形式：

(1) 【Euclidean 距离(distance)】：欧氏距离，即两观察单位间的距离为其值差的平方和的平方根，该技术用于 Q 型聚类。

(2) 【平方 Euclidean 距离(Squared Euclidean distance)】：Euclidean 距离平方，即两观察单位间的距离为其值差的平方和，该技术用于 Q 型聚类。

(3) 【余弦(Cosine)】：变量矢量的夹角余弦，这是模型相似性的度量。

(4) 【Pearson 相关性(Pearson correlation)】：相关系数距离，适用于 R 型聚类。

(5) 【Chebychev 距离(Chebychev distance)】：切比雪夫距离，即两观察单位间的距离为其任意变量的最大绝对差值，该技术用于 Q 型聚类。

(6) 【块(Block)】：City-Block 或 Manhattan 距离，即两观察单位间的距离为其值差的绝对值和，适用于 Q 型聚类。

(7) 【Minkowski 距离(distance)】：明科可夫斯基距离是一个绝对幂的度量，即变量绝对值的第 p 次幂之和的平方根；p 由用户指定。

(8) 【设定距离(Customized)】：也就是自定义距离，该距离是一个绝对幂的度量，即变量绝对值的第 p 次幂之和的第 r 次根，p 与 r 由用户指定。

在【转换值(Transform values)】选项组中，选择相关的选项，对数据进行标准化的处理，本例可以选择【Z 分数】。常用的标准化方法如下：

(1) 【无(none)】：不进行标准化，系统默认设置。

(2) 【Z 得数(Z Scores)】：标准化转换。

(3) 【全距从-1 到 1(range -1 to 1)】：极差标准化转换。

(4) 【全距从 0 到 1(range 0 to 1)】：极差再规划转换。

(5) 【1 的最大量(Maximum magnirude of one)】：变换后的数据最大值为 1。

(6) 【均值为 1(Mean of 1)】：变换后的数据均值为 1。

(7) 【标准差为 1(Standard deviation of 1)】：变换后的数据，标准差为 1。

设置完成，单击【继续(Continue)】按钮返回【系统聚类分析(Hierarchical Cluster Analysis)】对话框，单击【确定】按钮执行聚类。

6. 结果分析

聚类分析首先给出了聚类的近似矩阵表，Euclidean 距离计算的近似矩阵表，其实质是一个不相似矩阵，其中的数值表示各个样本之间的相似系数，数值越大，表示两样本距离越大(表格过大，这里没有给出，读者可以根据操作过程查看结果)。

1) 聚类表

表 8-8 显示的是聚类表，该表反映的是每一阶段聚类的结果，系数表示的是"聚合系数"，第 2 列和第 3 列表示聚合的类。

表 8-8 聚类表

阶	群集组合		系　数	首次出现阶群集		下一阶
	群集 1	群集 2		群集 1	群集 2	
1	1	12	.667	0	0	8
2	10	20	.671	0	0	7
3	22	24	.816	0	0	9
4	11	18	.861	0	0	8
5	21	25	.896	0	0	9
6	6	9	.900	0	0	16
7	3	10	1.019	0	2	15
8	1	11	1.138	1	4	12
9	21	22	1.191	5	3	17
10	7	15	1.195	0	0	15
11	2	8	1.243	0	0	18
12	1	17	1.247	8	0	17
13	4	5	1.271	0	0	20
14	13	14	1.286	0	0	18
15	3	7	1.459	7	10	21
16	6	16	1.517	6	0	21
17	1	21	1.559	12	9	20
18	2	13	1.697	11	14	22
19	19	23	1.789	0	0	22
20	1	4	1.984	17	13	24
21	3	6	2.055	15	16	23
22	2	19	2.405	18	19	23

续表

阶	群集组合		系　数	首次出现阶群集		下一阶
	群集 1	群集 2		群集 1	群集 2	
23	2	3	2.558	22	21	24
24	1	2	2.926	20	23	26
25	26	27	3.268	0	0	27
26	1	28	5.031	24	0	27
27	1	26	5.834	26	25	0

2）冰柱图

图 8-9 所示是冰柱图，反映样本聚类情况，如果按照设定的类数，就可以从左到右找到各类所包含的样本。

冰柱图的观察原则是：从下向上看，以将要划分的类数作为冰柱图的等高线，凡是聚在一起的个案为一类，单独的个案自成一类。

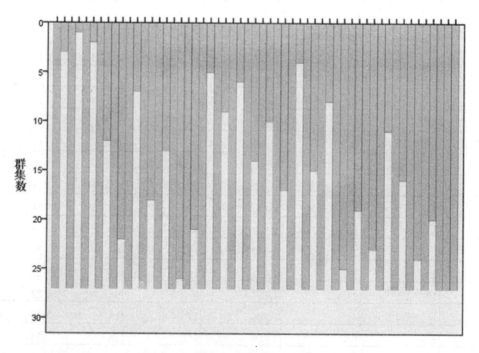

图 8-9　冰柱图

3) 树状聚类图

欧氏距离下聚类分析生成的树状聚类图，如图 8-10 所示，如果将该数据分为 3 类，则第一类为广州，第二类为北京、上海，其余为第三类。读者可以根据需要划分更多的子类，根据需要对类数进行重新设置。

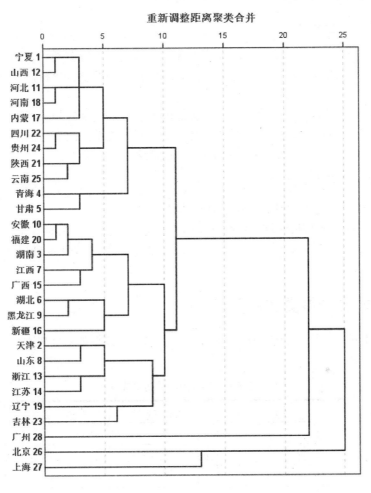

图 8-10 树状图

聚类分析的结果反映出经济发展的水平和结构。表明中国经济重心仍然集中在几个发达的主要省市，如北京、上海等。东部发达地区和南方一些经济基础较好的省市的发展已经达到中等发达国家的水平，但是广大中西部地区的经济水平特别是西部内陆地区的经济水平远远落后于经济发达地区，明显反应了经济发展的不平衡性。

8.4 R 型层次聚类

8.4.1 R 型聚类的含义和基本原理

1. R 型聚类的含义

层次聚类分析中的 R 型聚类是对研究对象的观察变量进行分类，使具有共同特征的变量聚在一起。以便可以从不同类中分别选出具有代表性的变量作分析，从而减少分析变量的个数。

变量的聚类分析类似于因素分析。两者都可用于辨别变量的相关组别。不同在于，因素分析在合并变量的时候，是同时考虑所有变量之间的关系；而变量的聚类分析，则采用层次式的判别方式，根据个别变量之间的亲疏程度逐次进行聚类。

2. R 型聚类的基本原理

R 型聚类是对变量进行分类处理，其作用在于：
(1) 可以了解变量间及变量组合间的亲疏关系。
(2) 可以根据变量的聚类结果及它们之间的关系，选择主要变量进行回归分析或 Q 型聚类分析。

8.4.2 R 型层次聚类实例分析

【例 8-3】对某个班学生的四门功课成绩进行聚类，数据如表 8-9 所示，分析哪些课程是属于一个类的。

表 8-9　某班级四门功课成绩

姓　名	政　治	物　理	语　文	数　学
李四华	80	98	78	99
李二华	90	89	89	88
钱照云	97	80	95	79
李三华	82	78	81	89
李大华	96	78	95	75
李红星	88	65	85	60
钱曾晶	51	87	50	79
李士华	89	76	88	75
李佃玲	90	56	89	60
李红莲	84	100	85	100

1. 打开聚类分析对话框

选择【分析(analyze)】→【分类(Classify)】→【系统聚类(Hierarchical Cluster)】命令，弹出【系统聚类分析(Hierarchical Cluster Analysis)】对话框，如图 8-11 所示。

2. 设置变量

从对话框左侧的变量列表中选择"政治、物理、语文、数学"，单击箭头按钮使之进入【变量(Variable)】框；【标准个案(label cases by)】设置为"姓名"；在【分群(Cluster)】选项组中选择聚类类型，其中【个案(Cases)】表示观察对象聚类，【变量(Variables)】表示变量聚类，本例选择【变量(Variables)】。在【输出】项选项组中勾选【统计量】和【图】复选框，如图 8-11 所示。

图 8-11 【系统聚类分析】对话框

3. 设置【统计量】

单击【统计量(Statistics)】按钮，弹出【系统聚类分析：统计量(Hierarchical Cluster Analysis: Statistics)】对话框，如图 8-12 所示。勾选【合并进程表(Agglomeration Schedule)】复选框，该选项具有"显示聚类过程"的功能；同时勾选【相似性矩阵(Proximity matrix)】复选框，即要求显示各项间的距离矩阵。在【聚类成员】选项组中，选择【单一方案(single solution)】并将【聚类数】设置为 3 类。单击【继续(Continue)】按钮返回【系统聚类分析(Hierarchical Cluster Analysis)】对话框。

4. 设置【绘制(plot)】

单击【绘制(T)】按钮，本例勾选【树状图(Dendrogram)】复选框，若勾选【冰柱(Icicle)】则会生成冰柱图；绘图方向，可以默认选择【垂直(Vertical)】单选按钮，如图 8-13 所示。

5. 设置【方法(Method)】

(1) 单击【方法(Method)】按钮，单击【聚类方法】下拉箭头，本例可选【组间连接

(Between-groups Linkage)】，即合并两类的结果使所有的项对之间的平均距离最小。

(2) 在【度量标准(Measure)】选项组中，单击【区间(Interval)】下拉箭头，选择一项即可，本例可选【Euclidean 距离】。在选择距离测量技术上，选择【Pearson 相关性(Pearson correlation)】，即相关系数距离，适用于 R 型聚类。

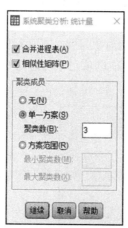

图 8-12 【系统聚类分析：统计量】对话框

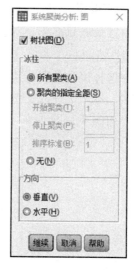

图 8-13 绘图设置

(3) 在【转换值(Transform values)】选项组中，可以默认选择【无(none)】选项，即不进行标准化，保留系统默认设置，如图 8-14 所示。

设置完成后，单击【继续(Continue)】按钮返回【系统聚类分析(Hierarchical Cluster Analysis)】对话框，单击【继续】按钮执行聚类。

图 8-14 【系统聚类分析：方法】对话框

6. 结果分析

1) 案例处理概要

首先是层次 R 型聚类分析的案例处理摘要(cases processing summary)，该结果是 SPSS 输出结果文件中的第一个表格，如表 8-10 所示。

表 8-10 案例处理摘要 [a]

案例					
有 效		缺 失		合 计	
N	百分比	N	百分比	N	百分比
10	100.0%	0	.0%	10	100.0%

a. 值向量间的相关性已使用。

2) 近似矩阵

输出的结果文件中第二个近似矩阵(proximity matrix)表格，如表 8-11 所示。 给出了两两变量之间的相关系数，数学与物理间的相关系数为 0.931，政治和语文之间的相关系数是 0.997，均显示了高度相关的关系。结果表明，聚类分析可将四门学科直接设置为 2 类就可以了。

表 8-11 近似矩阵

案 例	矩阵文件输入			
	政 治	物 理	语 文	数 学
政治	1.000	-.311	.997	-.191
物理	-.311	1.000	-.280	.931
语文	.997	-.280	1.000	-.154
数学	-.191	.931	-.154	1.000

3) 聚类表

输出了组间连接(Between-groups Linkage)型聚类方法下，得出的聚类分析表(agglomeration schedule)，如表 8-12 所示。第三个的相关系数是 0.234，绝对值相对较小，即显示出弱相关性。

表 8-12 聚类表

阶	群集组合		系 数	首次出现阶群集		下一阶
	群集 1	群集 2		群集 1	群集 2	
1	1	3	.997	0	0	3
2	2	4	.931	0	0	3
3	1	2	-.234	1	2	0

4) 群集成员表

也可以将聚类数重新设置为 2 类,输出聚类分析的各个个案所在的相应的类数,如表 8-13 所示。

表 8-13 群集成员

案 例	3 群集
政治	1
物理	2
语文	1
数学	2

5) 冰柱图

输出了聚类的冰柱图,如图 8-15 所示,若分为 3 类,则语文和政治为 1 类,物理和数学各位 1 类;通过上述的分析可知,数学与物理间的相关系数为 0.931,处于高度相关,可以分为一类,可见本例划分为 2 类很合理。

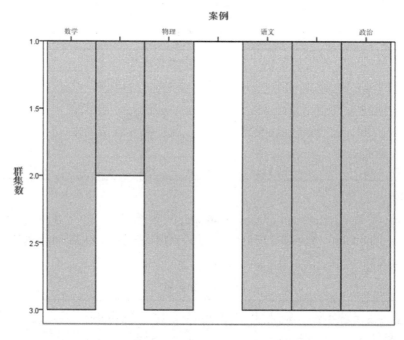

图 8-15 输出了聚类的冰柱图

6) 树状图

从图 8-16 所示的树状图,可以直观地看出,将聚类划分为两类较为合理。实际上,就是我们通常进行的文科和理科的划分,将不同的课程属性进行分类,显然是较为合理的。

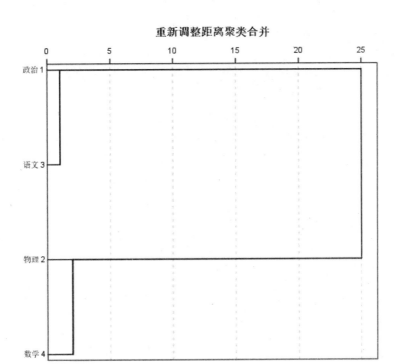

图 8-16　树状图

8.5　判　别　分　析

8.5.1　判别分析的含义和基本原理

1. 判别分析的含义

判别分析是先根据已知类别的事物的性质(自变量)，建立函数式(自变量的线性组合，即判别函数)，然后对未知类别的新事物进行判断以将之归入已知的类别中。

2. 判别分析的基本原理

判别分析的目的是得到体现分类的函数关系式，即判别函数。基本思想是在已知观测对象的分类和特征变量值的前提下，从中筛选出能提供较多信息的变量，并建立判别函数；目标是使得到的判别函数在对观测量进行判别其所属类别时的错判率最小。

判别函数的一般形式是：$Y = a_1 X_1 + a_2 X_2 + \cdots + a_n X_n$，其中，$Y$ 为判别函数判别值；$X_1, X_2, \cdots, X_n$ 是反映研究对象特征的变量；$a_1, a_2, \cdots, a_n$ 为各变量的系数，即判别系数。常用的判别法有距离判别法、Fisher 判别法和 Bayes 判别法。

8.5.2 判别分析实例

【例 8-4】表 8-14 所示为 14 个国家的成人的识字率,以及出生后预期寿命的数据,已知前 10 个国家的划分类别,请对序号为 11~14 的国家进行判别分析。

表 8-14 相关国家的预期寿命和成人识字率的划分数据

类 别	Group	序 号	国 家	预期寿命	成人识字率
第一类 (发达国家)	1	1	美国	76	99
	1	2	日本	79.5	99
	1	3	瑞士	78	99
	1	4	阿根廷	72.1	95.9
	1	5	阿联酋	73.8	77.7
第二类 (发展中国家)	2	6	保加利亚	71.2	93
	2	7	古巴	75.3	94.9
	2	8	巴拉圭	70	91.2
	2	9	格鲁吉亚	72.8	99
	2	10	南非	62.9	80.6
待判别?		11	中国	68.5	79.3
		12	罗马尼亚	69.9	96.9
		13	希腊	77.6	93.8
		14	哥伦比亚	69.3	90.3

1. 打开判别分析对话框

选择【分析(analyze)】→【分类(Classify)】→【判别(Discriminant Cluster)】命令,弹出【判别分析】对话框。

2. 设置变量

从对话框左侧的变量列表中选择"预期寿命""成人识字率",单击箭头按钮使之进入【自变量(Independent Variable)】框;定义【分组变量(Grouping variable)】,将【定义范围(Ddefine range)】分别设置为:最小值为 1、最大值为 2;默认选择【一起输入变量(Enter independent together)】单选按钮,如图 8-17 所示。

图 8-17 【判别分析】对话框

如果选择【使用步进式方法(Use stepwise method)】单选按钮,如图 8-18 所示,就需要进一步设置【方法(Method)】,说明如下:

图 8-18 【判别分析:步进法】对话框

【方法(Method)】选项组中,选择变量的统计量方法如下。
- Wilks'lambda:(默认)按统计量 Wilks λ 的最小值选择变量。
- 【未解释方差(Unexplained variance)】:按照所有组方差之和的最小值选择变量。
- 【Mahalanobis 距离(Mahalanobis' distance)】:按照相邻两组的最大马氏距离选择变量。
- 【最小 F 指(Smallest F ratio)】:按组间最小 F 值比的最大值选择变量。
- Rao's V 按照统计量 Rao V 的最大值选择变量。

另外,【标准(Criteria)】是指选择逐步回归的标准(略),选择系统默认项。

3. 设置【统计量】

单击【统计量(Statistics)】按钮，弹出【判别分析：统计量(Hierarchical Cluster Analysis: Statistics)】对话框，可以勾选【描述性】选项组中的【均值(means)】和【单变量(Univariate ANOVA)】复选框；在【函数系数(Function coefficient)】选项组中勾选 Fisher 和【未标准化(Unstandardized)】复选框，如图 8-19 所示。

图 8-19　【判别分析：统计量】对话框

【描述性】选项组中各统计量的功能如下。

- 【均值(means)】：各类中各自变量的均值，标准差 std Dev 和各自变量总样本的均值和标准差(本例选择)。
- 【单变量(Univariate ANOVA)】：对各类中同一自变量均值都相等的假设进行检验，输出单变量的方差分析结果(本例选择)。
- Box's M：对各类的协方差矩阵相等的假设进行检验。

在【矩阵(Matrices)】选项组中选择给出的自变量系数矩阵：

- 【组内相关系数矩阵(Within-groups correlation)】。
- 【组内协方差矩阵(Within-groups covariance)】。
- 【组间协方差矩阵(Separate-groups covariance)】。

单击【继续(Continue)】按钮返回【判别分析(Discriminant Cluster Analysis)】对话框。

4. 设置【分类】

单击【分类】按钮打开分类对话框。【先验概率】默认选择【所有组相等】；【使用协方差矩阵】默认选择【在组内】；【输出】勾选【摘要表】和【不考虑个案时的分类】，如图 8-20 所示。

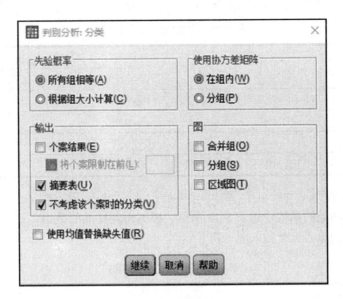

图 8-20 分类设置

5. 设置【保存】

单击【保存】按钮打开判别分析保存对话框。勾选【预测组成员】。设置完成后,单击【继续(Continue)】按钮返回【判别分析(Discriminant Cluster Analysis)】对话框,单击【确定】按钮执行聚类。

6. 结果分析

判别分析给出的分析结果较多,这里仅就主要的结果进行讨论。

1) 组均值的均等性的检验

组均值的均等性的检验如表 8-15 所示,给出了方差分析的显著性检验的结果,"成人识字率"的伴随概率 Sig.= 0.675(值大于 0.05),则保留不存在显著性差异的原假设,说明各国之间"成人识字率"不存在显著性的差异,对分类的作用可能不大。

表 8-15 组均值的均等性的检验

	Wilks 的 Lambda	F	df1	df2	Sig.
预期寿命	.624	4.810	1	8	.060
成人识字率	.974	.213	1	8	.657

2) Fisher 判别函数

给出了典型的判别式函数系数,即 Fisher 判别函数,如表 8-16 所示.
D1= -16.661+预期寿命 X0.342-0.090X 成人识字率。

表 8-16 典型判别式函数系数

	函数
	1
预期寿命	.342
成人识字率	-.090
(常量)	-16.661

非标准化系数

3) 两类的重心

给出了组质心处的函数，如表 8-17 所示。根据待判样品的数据，计算 Fisher 判断函数的值，离哪个组的重心近就归入哪一类。

表 8-17 组质心处的函数

group		函数
		1
dimension0	1	.822
	2	-.822

在组均值处评估的非标准化典型判别式函数

4) 分类函数

给出了 Bayes 分类的判别分析的结果，如表 8-18 所示；把待判样品的数据带入分类函数，哪个组的值最大，就分入那个组，有几个组，就有几个分类函数：

D1=-190.229+预期寿命 X5.444-0.362X 成人识字率
D2=-162.825+预期寿命 X 4.882-0.214X 成人识字率

表 8-18 分类函数系数

	group	
	1	2
预期寿命	5.444	4.882
成人识字率	-.362	-.214
(常量)	-190.229	-162.825

Fisher 的线性判别式函数

5) 分类效果

给出了 Bayes 分类的判别结果，如表 8-19 所示，以及未分组的案例数；并说明分组的准确性，即已对初始分组案例中的 80.0%个组成员进行了正确分类。

表 8-19 分类结果 [b,c]

			group	预测组成员		合　计
				1	2	
初始	计数		1	4	1	5
			2	1	4	5
			未分组的案例	1	3	4
	%		1	80.0	20.0	100.0
			2	20.0	80.0	100.0
			未分组的案例	25.0	75.0	100.0
交叉验证 a	计数		1	4	1	5
			2	1	4	5
	%		1	80.0	20.0	100.0
			2	20.0	80.0	100.0

a. 仅对分析中的案例进行交叉验证。 在交叉验证中，每个案例都是按照从该案例以外的所有其他案例派生的函数来分类的。
b. 已对初始分组案例中的 80.0% 个进行了正确分类。
c. 已对交叉验证分组案例中的 80.0% 个进行了正确分类。

6) 判别结果

数据视图界面主动保存了待判别样品的判别结果，如图 8-21 所示。中国、罗马尼亚、哥伦比亚可以归为 2 类，希腊可归为 1 类。可见，4 个国家整体来讲，单纯从预期寿命和成人识字率划分来看可以归为 2 类。

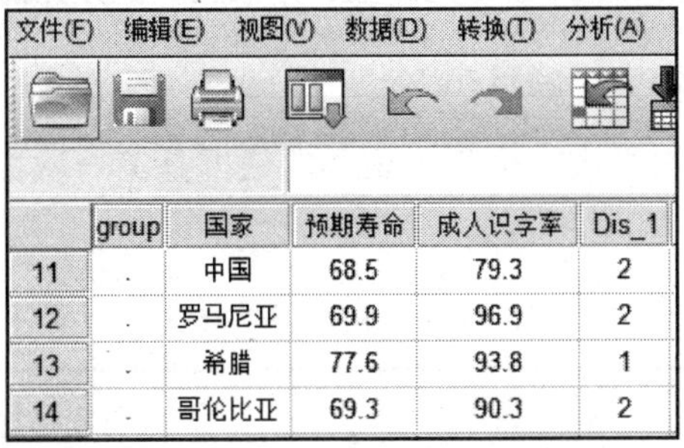

图 8-21 保存的判别结果

8.6 实训项目

1. 快速聚类(K-均值聚类)实训项目

为研究不同公司的运营特点，调查了 15 个公司的组织文化、组织氛围、领导角色和员工发展四方面的内容。现要将这 15 个公司按照其各自的特点分成 4 种类型，数据如表 8-20 所示。

表 8-20　公司运营状况调查表

公　司	组织文化	组织氛围	领导角色	员工发展
WR	80	85	75	90
IBM	85	85	90	90
Dell	85	85	85	60
Apple	90	90	75	90
Lenovo	99	98	78	80
NPP	88	89	89	90
BJDZ	79	80	95	97
GHZG	89	78	81	82
BDFZ	75	78	95	96
TCL	60	65	85	88
WHH	79	87	50	51
Angel	75	76	88	89
Hussar	60	56	89	90
SJFY	100	100	85	84
Vinda	61	64	89	60

2. 个案聚类(Q 型聚类)实训项目

对一个班学生的数学水平进行聚类。聚类的依据是第一次数学考试的成绩和入学考试的成绩。数据如表 8-21 所示。

表 8-21　学生的数学成绩

姓　名	数　学	入学成绩
lsh	99	98
rxd	88	89

续表

姓　名	数　学	入学成绩
cc	79	80
hza	89	78
dt	75	78
sxh	60	65
grr	79	87
ym	75	76
ml	60	56
gxy	100	100

3. 变量聚类(R型聚类)实训项目

29名儿童的血红蛋白(X_6)(g/100ml)与微量元素钙(X_1)、镁(X_2)、铁(X_3)、锰(X_4)、铜(X_5)(μg/100ml)的测定结果如表8-22所示。由于微量元素的测定成本高、耗时长,希望通过聚类分析筛选代表性指标,以便更经济快捷地评价儿童的营养状态。

表8-22　儿童微量元素含量

NO.	X1	X2	X3	X4	X5	X6
1	54.89	30.86	448.7	0.012	1.01	13.5
2	72.49	42.61	467.3	0.008	1.64	13
3	53.81	52.86	425.61	0.004	1.22	13.75
4	64.74	39.18	469.8	0.005	1.22	14
5	58.8	37.67	456.55	0.012	1.01	14.25
6	43.67	26.18	395.78	0.001	0.594	12.75
7	54.89	30.86	448.7	0.012	1.01	12.5
8	86.12	43.79	440.13	0.017	1.77	12.25
9	60.35	38.2	394.4	0.001	1.14	12
10	54.04	34.23	405.6	0.008	1.3	11.75
11	61.23	37.35	446	0.022	1.38	11.5
12	60.17	33.67	383.2	0.001	0.914	11.25
13	69.69	40.01	416.7	0.012	1.35	11
14	72.28	40.12	430.8	0	1.2	10.75
15	55.13	33.02	445.8	0.012	0.918	10.5
16	70.08	36.81	409.8	0.012	1.19	10.25

续表

NO.	X1	X2	X3	X4	X5	X6
17	63.05	35.07	384.1	0	0.853	10
18	48.75	30.53	342.9	0.018	0.924	9.75
19	52.28	27.14	326.29	0.004	0.817	9.5
20	52.21	36.18	388.54	0.024	1.02	9.25
21	49.71	25.43	331.1	0.012	0.897	9
22	61.02	29.27	258.94	0.016	1.19	8.75
23	53.68	28.79	292.8	0.048	1.32	8.5
24	50.22	29.17	292.6	0.006	1.04	8.25
25	65.34	29.99	312.8	0.006	1.03	8
26	56.39	29.29	283	0.016	1.35	7.8
27	66.12	31.93	344.2	0	0.689	7.5
28	73.89	32.94	312.5	0.064	1.15	7.25
29	47.31	28.55	294.7	0.005	0.838	7

4. 判别分析实训项目

研究某年中国城镇居民月平均收入状况，按标准化欧氏平方距离、离差平方和聚类方法将30个省、市、自治区分为三种类型。试建立判别函数，判定广东、西藏分别属于哪个收入类型。x1：人均生活费收入；x2：人均国有经济单位职工工资；x3：人均来源于国有经济单位标准工资；x4：人均集体所有制工资收入；x5：人均集体所有制职工标准工资 x6：人均各种奖金、超额工资(国有+集体)；x7 人均各种津贴(国有+集体)；x8：人均从工作单位得到的其他收入。x9：个体劳动者收入。判别指标及原始数据如表8-23所示。

表8-23 某年中国城镇居民收入状况

分类	序号	地区	x1	x2	x3	x4	x5	x6	x7	x8	x9
G1	1	北京	170.03	110.2	59.76	8.38	4.49	26.80	16.44	11.9	0.41
	2	天津	141.55	82.58	50.98	13.4	9.33	21.3	12.36	9.21	1.05
	3	河北	119.4	83.33	53.39	11	7.52	17.3	11.79	12	0.7
	4	上海	194.53	107.8	60.24	15.6	8.88	31	21.01	11.8	0.16
	5	山东	130.46	86.21	52.3	15.9	10.5	20.61	12.14	9.61	0.47
	6	湖北	119.29	86.21	53.02	13.1	8.44	13.87	16.47	8.38	0.51
	7	广西	134.46	98.61	48.18	8.9	4.34	21.49	26.12	13.6	4.56
	8	海南	143.79	99.97	45.6	6.3	1.56	18.67	29.49	11.8	3.82

续表

分类	序号	地区	x1	x2	x3	x4	x5	x6	x7	x8	x9
	9	四川	128.05	74.96	50.13	13.9	9.62	16.14	10.18	14.5	1.21
	10	云南	127.41	93.54	50.57	10.5	5.87	19.41	21.2	12.6	0.9
	11	新疆	122.96	101.4	69.7	6.3	3.86	11.3	18.96	5.62	4.62
G2	1	山西	102.49	71.72	47.72	9.42	6.96	13.12	7.9	6.66	0.61
	2	内蒙	106.14	76.27	46.19	9.65	6.27	9.655	20.1	6.97	0.96
	3	吉林	104.93	72.99	44.6	13.7	9.01	9.435	20.61	6.65	1.68
	4	黑龙江	103.34	62.99	42.95	11.1	7.41	8.342	10.19	6.45	2.68
	5	江西	98.089	69.45	43.04	11.4	7.95	10.59	16.5	7.69	1.08
	6	河南	104.12	72.33	47.31	9.48	6.43	13.14	10.43	8.3	1.11
	7	贵州	108.49	80.79	47.52	6.06	3.42	13.69	16.53	8.37	2.85
	8	陕西	113.99	75.6	50.88	5.21	3.86	12.94	9.42	6.77	1.27
	9	甘肃	114.06	84.31	52.78	7.81	5.44	10.82	16.43	3.79	1.19
	10	青海	108.8	80.41	50.45	7.27	4.07	8.371	18.98	5.95	0.83
	11	宁夏	116.96	88.21	51.85	8.81	5.63	13.95	22.65	4.75	0.97
G3	1	辽宁	128.46	68.91	43.41	22.4	15.3	13.88	12.42	9.01	1.41
	2	江苏	135.24	73.18	44.54	23.9	15.2	22.38	9.661	13.9	1.19
	3	浙江	162.53	80.11	45.99	24.3	13.9	29.54	10.9	13	3.47
	4	安徽	111.77	71.07	43.64	19.4	12.5	16.88	9.698	7.02	0.63
	5	福建	139.09	79.09	44.19	18.5	10.5	20.23	16.47	7.67	3.08
	6	湖南	124	84.66	44.05	13.5	7.47	19.11	20.29	10.3	1.76
待判	1	广东	211.3	114	41.44	33.2	11.2	48.72	30.77	14.9	11.1
	2	西藏	175.93	163.8	57.89	4.22	3.37	17.81	82.32	15.7	0

第 9 章

因 子 分 析

9.1 实训目的与基本原理

9.1.1 实训目的与要求

1. 基本概念把握

通过本实验进一步掌握因子分析的基本概念、因子分析的基本思想、统计学的基本原理,学习和巩固特征值、共同性、方差贡献率、碎石图的基本含义和作用,以及 KMO 与 Bartlett 的球形度检验的评价标准等。

2. 掌握操作过程

通过具体的案例,学会快速因子分析操作的变量设置,以及描述性统计量、抽取、旋转、选项、得分对话框的设置,明确设置选项的内涵及依据,尤其是描述性统计量中相关矩阵的选取和抽取方法的设置等,掌握结果解释的过程。

3. 实际问题分析

通过基本概念的把握以及因子分析过程的实际上机操作,学会模仿因子分析结果的解释,从而正确把握因子分析的内涵,以便将来在学习和工作的过程中,能够应用因子分析抽取主要因素,抛弃次要因素,做到有的放矢,并能够应用 SPSS 软件解决实际问题。

9.1.2 实训的基本原理

1. 因子分析的概念

因子分析是一种通过显在变量测评潜在变量,通过具体指标测评抽象因子的分析方法,最早是由心理学家 Chales Spearman 在 1904 年提出的,它的基本思想是将实测的多个指标,用少数几个潜在的指标(因子)的线性组合表示。因子分析主要应用到两个方面:一是寻求基本结构,简化观测系统;二是对变量或样本进行分类。因子分析的基本思想是根据相关性的大小把变量分组,使得同组内的变量的相关性较高,而不同组的变量相关性较低。每组变量代表一个基本结构,这个基本结构称为一个公共因子。

2. 因子分析的基本原理

因子分析的基本思想是根据相关性的大小把变量分组，使得同组内的变量的相关性较高，而不同组的变量相关性较低。每组变量代表一个基本结构，这个基本结构称为一个公共因子，基本的统计学原理为

$$\begin{cases} x_1 = a_{11}F_1 + a_{12}F_2 + \cdots + a_{1m}F_m \\ x_2 = a_{21}F_1 + a_{22}F_2 + \cdots + a_{2m}F_m \\ \vdots \\ x_p = a_{p1}F_1 + a_{p2}F_2 + \cdots + a_{pm}F_m \end{cases}$$

其中，$x_1, x_2, \cdots, x_p$ 为 p 个原有变量，是均值为零、标准差为 1 的标准化变量；$F_1, F_2, \cdots, F_m$ 为 m 个因子变量，m 小于 p，表示成矩阵形式为

$$X = AF + a\varepsilon$$

9.2 因子分析操作

9.2.1 因子分析的基本步骤

(1) 原始数据标准化：选取因子分析的变量(选相关性较大的，利于降维)标准化处理。

(2) 判断是否适合因子分析：确定待分析的原有若干变量是否适合进行因子分析，如检验变量间偏相关度 KMO 值>0.6，才适合做因子分析。

(3) 构造因子变量，选择一种方法估计因子载荷阵，计算关键统计特征。

(4) 利用旋转使得因子变量更具有可解释性，进行因子旋转，使因子含义清晰化，并命名，利用因子解释变量的构成。

(5) 计算因子变量的得分：计算每个因子在各样本上的得分，得出新的因子得分变量做进一步分析。

9.2.2 因子分析实例

【例 9-1】现要对远程学习者对教育技术资源的了解和使用情况进行了解，设计一个里克特量表(Likert Scale)，如表 9-1 所示。

表 9-1 远程受教育者对教育资源的了解和适用

问题	题项	从未使用	很少使用	有时使用	经常使用	总是使用
		1	2	3	4	5
A1	电脑					

续表

问 题	题 项	从未使用 1	很少使用 2	有时使用 3	经常使用 4	总是使用 5
A2	录音磁带					
A3	录像带					
A4	网上资料					
A5	校园网					
A6	电子邮件					
A7	电子讨论网					
A8	CAI 课件					
A9	视频会议					
A10	视听会议					

将该量表作为调查问卷发给 20 人回答，问卷回收后的原始数据如表 9-2 所示。

表 9-2　原始调查数据

序号问题	A1	A2	A3	A4	A5	A6	A7	A8	A9	A10
1	1	5	5	1	1	1	1	1	1	1
2	2	5	5	2	2	2	1	2	1	1
3	4	3	3	3	4	3	1	4	1	1
4	4	3	4	4	4	4	2	4	2	2
5	4	4	3	3	4	4	1	4	1	1
6	4	3	3	3	3	4	2	3	2	1
7	4	4	4	4	5	3	3	2	4	1	1
8	1	5	3	1	1	1	1	1	1	1
9	4	4	5	4	4	4	2	4	1	1
10	5	4	3	5	5	4	3	5	3	3
11	5	4	3	4	4	4	2	5	2	2
12	5	4	5	4	4	4	3	5	2	2
13	3	5	5	2	2	2	1	3	1	1
14	5	3	4	3	3	3	2	5	2	2
15	4	5	5	3	3	3	2	4	1	1
16	4	4	4	4	3	5	1	4	1	1
17	5	4	4	5	5	5	4	5	4	4

续表

序号问题	A1	A2	A3	A4	A5	A6	A7	A8	A9	A10
18	5	4	4	2	3	4	1	5	1	1
19	5	4	5	5	5	5	3	5	3	3
20	5	4	4	5	5	5	2	5	2	1

1. 打开【因子分析】对话框

选择【分析(Analyze)】→【降维(Data Reduction Factor)】命令，弹出【因子分析(Factor Analyze)】对话框，将变量 A1 到 A10 选入【变量(Variables)】框中，如图 9-1 所示。

2. 设置描述性统计量

单击【描述(Descriptives)】按钮，弹出【因子分析：描述统计(Factor Analyze:Descriptives)】对话框，如图 9-2 所示。

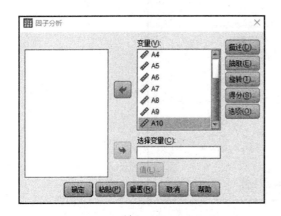

图 9-1　【因子分析】对话框

图 9-2　【因子分析：描述统计】对话框

1) 【统计量(Statistics)】选项组
- 【单变量描述性(Univariate descriptives)】：显示每一题项的平均数、标准差。
- 【原始分析结果(Initial solution)】：即未转轴之统计量，显示因素分析未转轴前之共同性、特征值、变异数百分比及累积百分比。

2) 【相关矩阵(Correlation Matrix)】选项组
- 【系数(Coefficients)】：显示题项的相关矩阵。
- 【显著性水平(Significance levels)】：求出前述相关矩阵的显著水准。
- 【行列式(Determinant)】：求出前述相关矩阵的行列式值。
- 【KMO 与 Bartlett 的球形度检验(KMO and Bartlett's test of sphericity)】：显示 KMO 抽样适当性参数与 Bartlett's 的球形检定。

- 【逆模型(Inverse)】：即倒数模式，求出相关矩阵的反矩阵。
- 【再生(Reproduced)】：即重制的，显示重制相关矩阵，上三角形矩阵代表残差值；而主对角线及下三角形代表相关系数。
- 【反映像(Anti-image)】：求出反映像的共变量及相关矩阵。

在本例中，选择【原始分析结果(Initial solution)】，即未转轴之统计量，与【KMO 与 Bartlett 的球形度检验(KMO and Bartlett's test of sphericity)】两项，单击【继续(continue)】按钮确定。

3. 设置对因子的抽取选项

单击【抽取(Extraction)】按钮，弹出【因子分析：抽取(Factor Analyze:Extraction)】对话框，如图 9-3 所示。

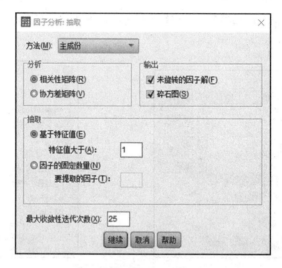

图 9-3 【因素分析：抽取】对话框

1) 【方法】(Method)下拉列表框

下拉式选项内有 7 种抽取因子的方法：

- 【主成分分析(Principal components)】法：主成分分析法抽取因素，此为 SPSS 默认方法。
- 【未加权的最小平方法(Unweighted least squares)】法：未加权最小平方法。
- 【综合最小平方法(Generalized least square)】法：一般化最小平方法。
- 【最大似然(Maximum likelihood)】法：最大概似法。
- 【主轴因子分解(Principal-axis factoring)】法：主轴法。
- 【α 因子分解(Alpha factoring)】法：α 因素抽取法。
- 【映像因子分解(Image factoring)】法：映像因素抽取法。

2) 【分析(Analyze)】选项组
- 【相关性矩阵(Correlation matrix)】：以相关矩阵来抽取因子。
- 【协方差矩阵(Covariance matrix)】：即共变异数矩阵，以共变量矩阵来抽取因素。

3) 【输出(Display)】选项组
- 【未旋转的因子(Unrotated factor solution)】：显示未转轴时的因素负荷量、特征值及共同性。
- 【碎石图(Scree plot)】：显示陡坡图。

4) 【抽取(Extract)】选项组
- 【基于特征值(Eigenvalues over)】：后面的空格默认为1，表示因素抽取时，只抽取特征值大于1者，使用者可随意输入0至变量总数之间的值。
- 【因子的固定数量(Number of factors)】：选取此项时，后面的空格内输入限定的因素个数。

在本例中，设置因子抽取方法为【主成分分析(Principal components)】，选取【相关性矩阵(Correlation matrix)】【未旋转的因子解(Unrotated factor solution)】【碎石图(Scree plot)】、默认的【基于特征值(Eigenvalues over)】选项，在抽取因子时限定为特征值大于1者。单击【继续(Continue)】按钮确定。

4. 设置因素转轴

单击【旋转(Rotation)】按钮，弹出【因子分析：旋转(Factor Analyze:Rotation)】对话框，如图9-4所示。

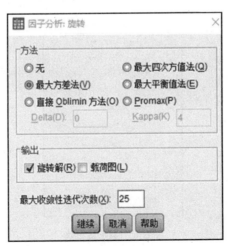

图9-4　【因子分析：旋转】对话框

1) 【方法(Method)】选项组
【方法】选项组中有六种因素转轴方法。

- 【无(None)】：不需要转轴。
- 【最大方差法(Varimax)】：最大变异法，属正交转轴法之一。
- 【最大四次方值法(Quartimax)】：四次方最大值法，属正交转轴法之一。
- 【最大平衡值法(Equamax)】：相等最大值法，属正交转轴法之一。
- 【直接 Oblimin 方法(Direct Oblimin)】：直接斜交转轴法，属斜交转轴法之一。
- Promax：Promax 转轴法，属斜交转轴法之一。

2) 【输出(Display)】选项组
- 【旋转解(Rotated solution)】：即转轴后的解，显示转轴后的相关信息，正交转轴显示因素组型矩阵及因素转换矩阵；斜交转轴则显示因素组型、因素结构矩阵与因素相关矩阵。
- 【载荷图(Loading plots)】：即因子负荷量，绘出因素的陡坡图(碎石图)。

3) 迭代次数设置

【最大收敛性迭代次数(Maximum Iterations for Convergence)】：转轴时之行的叠代最多次数，后面默认的数字为 25，表示算法之行转轴时，执行步骤的次数上限。

在本例中，选择【最大方差法(Varimax)】、【旋转解(Rotated solution)】、【载荷图(Loading plots)】三项。只有选择【旋转解(Rotated solution)】选项，才能显示转轴后的相关信息。单击【继续(Continue)】按钮确定。

5. 设置因素分数

单击【得分(Scores)】按钮，弹出【因子分析：因子得分(Factor Analyze: Factor Scores)】对话框，如图 9-5 所示

图 9-5 因子分设置

1) 【保存为变量(Save as variable)】复选框

勾选时可将新建立的因素分数存储至数据文件中，并产生新的变量名称(默认为 fact_1、fact_2、fact_3、fact_4 等)。

2) 【方法(Method)】选项组

表示计算因素分数的方法有三种。

- 【回归(Regression)】：使用回归法。
- Bartlett：使用 Bartlett 法。
- Anderson-Robin：使用 Anderson-Robin 法。

3) 得分矩阵设置

【显示因子得分系数矩阵(Display factor coefficient matrix)】选项，勾选时可显示因素分数系数矩阵。

在本例中，取默认值。单击【继续(Continue)】按钮确定。

6. 设置因素分析的选项

单击【选项(Options)】按钮，弹出【因子分析：选项(Factor Analyze:Options)】对话框，如图 9-6 所示。

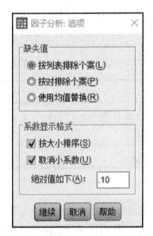

图 9-6 【因子分析：选项】对话框

1) 【缺失值(Missing Values)】选项组

- 【按列表排除个案(Exclude cases listwise)】：观察值在所有变量中没有遗漏值的才加以分析。
- 【按对排除个案(Exclude cases pairwise)】：在成对相关分析中出现遗漏值的观察值舍弃。
- 【使用均值替换(Replace with mean)】：以变量平均值取代遗漏值。

2) 【系数显示格式(Coefficient Display Format)】选项组

- 【按大小排序(Sorted by size)】：根据每一因素层面的因素负荷量的大小排序。
- 【取消小系数(Suppress absolute values less than)】：即绝对值舍弃的下限，因素负

荷量小于后面数字者不被显示，默认的值为 0.1。

在本例中，选择【按列表排除个案(Exclude cases listwise)】和【按大小排序(Sorted by size)】，并勾选【取消小系数(Suppress absolute values less than)】，其后文本框内的数字不用修改，默认为 0.1。如果研究者要呈现所有因子负荷量，就不用选取【取消小系数(Suppress absolute values less than)】选项。本例为了让读者明白此项的意义，才勾选了此项，正式的研究中呈现题项完整的因子负荷量较为适宜。

单击【继续(Continue)】按钮确定。设置完所有的选项后，单击【确定】按钮，输出结果。

7. 结果分析

1) KMO 和 Bartlett 的检验

KMO 是 Kaiser-Meyer-Olkin 的取样适当性量数，当 KMO 值愈大时，表示变量间的共同因素愈多，愈适合进行因素分析。根据专家 Kaiser(1974)的观点，如果 KMO 的值小于 0.5 时，较不宜进行因素分析，此处的 KMO 值为 0.695，表示适合因素分析；此外，从 Bartlett's 球形检验的值为 234.438，自由度为 45，p 值 0.000<0.01，否定原假设，表明变量间的相关矩阵不是单位矩阵，各变量间具有一定的相关性，适合进行因素分析，如表 9-3 所示。

表 9-3 KMO 和 Bartlett 的检验

取样足够的 Kaiser-Meyer-Olkin 度量。		.695
Bartlett 的球形度检验	近似卡方	234.438
	df	45
	Sig.	.000

2) 共同性

共同性中显示抽取方法为主成分分析法，最右边一栏为题项的共同性，如表 9-4 所示。所有变量的共同度均超过 0.7 以上，表明所有变量的共同度均较高。表明变量中大部分信息能被因子所提取；也表明因子分析的结果有效。

表 9-4 公因子方差

	提 取
A1	.928
A2	.738
A3	.900
A4	.872
A5	.901
A6	.867

续表

	提 取
A7	.919
A8	.907
A9	.965
A10	.939

提取方法：主成分分析。

3) 陡坡图

从陡坡图(也称碎石图)中，可以看出从第 4 个因素以后，坡线甚为平坦，因而以保留 3 个因素较为适宜，如图 9-7 所示。碎石图来源于地质学的概念。在岩层斜坡下方往往有很多小的碎石，其地质学意义不大。碎石图以特征值为纵轴，成分数为横轴。前面陡峭的部分特征值大，包含的信息多，后面平坦的部分特征值小，包含的信息也小。

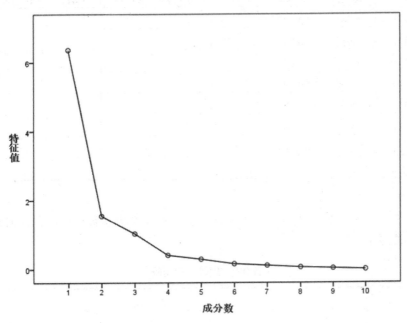

图 9-7　碎石图

4) 整体解释的变异数

主成分分析的结果表明因子方差贡献，如表 9-5 所示，其中第一列为 10 个成分；第二列为对应的"特征值"，表示所解释的方差的大小；第三列为对应的成分所包含的方差占总方差的百分比；第四列为累计的百分比。一般来说，选择"特征值"大于 1 的成分作为主成分，这是 SPSS 默认的选择。

成分1、2、3转轴后的特征值为4.389、3.137、1.411,解释变异量为43.885%、31.372%、14.108%,累积的解释变异量为43.885%、75.257%、89.366%。转轴后的特征值不同于转轴前的特征值。

可见,在本例中成分1、2和3的特征值大于1,它们合计能解释89.366%的方差。所以,可以提取1、2和3作为主成分,抓住了主要矛盾,其余成分包含的信息较少,只作次因考量。

表9-5 解释的总方差

成分	初始特征值			提取平方和载入			旋转平方和载入		
	合计	方差的(%)	累积(%)	合计	方差的(%)	累积(%)	合计	方差的(%)	累积(%)
1	6.358	63.579	63.579	6.358	63.579	63.579	4.389	43.885	43.885
2	1.547	15.467	79.046	1.547	15.467	79.046	3.137	31.372	75.257
3	1.032	10.320	89.366	1.032	10.320	89.366	1.411	14.108	89.366
4	.408	4.081	93.447						
5	.291	2.910	96.357						
6	.156	1.564	97.921						
7	.110	1.104	99.025						
8	.061	.606	99.631						
9	.034	.337	99.968						
10	.003	.032	100.000						

提取方法:主成份分析。

5) 未转轴的因素矩阵

从显示的未转轴的因素矩阵,如表9-6所示,有3个因素被抽取,并且因素负荷量小于0.1的未被显示。

表9-6 旋转成分矩阵[a]

	成 分		
	1	2	3
A5	.939		.102
A4	.922		.145
A1	.901	-.243	.239
A8	.887	-.194	.287
A6	.874	-.206	.245

续表

	成 分		
	1	2	3
A7	.823	.474	-.129
A9	.813	.401	-.377
A10	.753	.495	-.358
A2	-.574	.605	.206
A3	-.164	.633	.687

提取方法：主成分。

a. 已提取了 3 个成分。

6) 转轴后的因素矩阵

可以看出 A1、A8、A6、A5、A4 为因素 1，A10、A9、A7 为因素 2，A3、A2 为因素 3，如表 9-7 所示。其所属的因子层面顺序是按照因子负荷量的高低排列的。

表 9-7 旋转成分矩阵 a

	成 分		
	1	2	3
A1	.915	.266	-.141
A8	.912	.266	
A6	.884	.271	-.107
A5	.824	.448	-.147
A4	.789	.498	
A10	.237	.939	
A9	.308	.924	-.129
A7	.417	.858	
A3			.948
A2	-.557		.652

提取方法：主成分。
旋转法：具有 Kaiser 标准化的正交旋转法。

a. 旋转在 5 次迭代后收敛。

7) 因子转换矩阵

因子转换矩阵如表 9-8 所示，它是在【因子分析：旋转(Factor Analyze:Rotation)】对话框中的【输出(Display)】选项组中选择【旋转解(Rotated solution)】以后生成的，表明因子提取的方法是主成分分析，旋转的方法是方差极大法。

表 9-8　成分转换矩阵

成　分	1	2	3
1	.786	.596	-.163
2	-.348	.645	.680
3	.510	-.478	.715

提取方法：主成分。
旋转法：具有 Kaiser 标准化的正交旋转法。

8) 结果的保存

在最后，我们还要将公因子储存下来供后续使用。单击【得分(scores)】按钮，打开对话框，选中【保存为变量(Save as variable)】复选框，采用默认的"回归"方法，同时选中【显示因子得分系数矩阵(Display factor coefficient matrix)】复选框，如图 9-8 所示。

图 9-8　【因子分析因子得分】对话框

SPSS 会自动生成 3 个新变量，分别为公因子的取值，放在数据的最后。同时会输出一个因子系数表格，如表 9-9 所示。

表 9-9　成分得分系数矩阵

	成　分		
	1	2	3
A1	.284	-.128	.035
A2	-.105	.103	.423
A4	.179	.031	.089
A3	.177	-.070	.758
A5	.188	.000	.003
A6	.276	-.118	.057

续表

	成 分		
	1	2	3
A8	.295	-.131	.091
A7	-.069	.335	.098
A9	-.176	.418	-.106
A10	-.195	.443	-.049

提取方法:主成分。

旋转法:具有 Kaiser 标准化的正交旋转法。

构成得分。

可见,根据因子的特征值和旋转后的因素矩阵,采用了主成分分析法抽取出 3 个因素作为共同因素,并使用因素转轴方法中的最大方差变异法(Varimax),转轴后去掉了因子负荷量小于 0.1 的系数,按照从大到小的顺序进行排列,使得变量与因素的关系明朗。综合以上各表信息,给出因子分析摘要表,如表 9-10 所示。

表 9-10 远程受教育者对远程资源的了解和适用量表因子分析摘要

题 项		解释变异量	累积解释变异量	抽取的因素(Component)			
				因子 1 载荷	因子 2 载荷	因子 3 载荷	共同性
A1	电脑	43.89%	43.89%	0.915			0.928
A8	CAI 课件			0.912			0.907
A6	电子邮件			0.884			0.867
A5	校园网			0.824			0.901
A4	网上资料			0.789			0.872
A10	视听会议	31.37%	75.26%		0.939		0.939
A9	视频会议				0.924		0.965
A7	电子讨论网				0.858		0.919
A3	录像带	14.11%	89.37%			0.948	0.9
A2	录音磁带					0.652	0.738
特征值				4.389	3.137	1.411	

可以归纳出现代网络信息资源、现代电子视听资源、传统音像资源三大远程教育资源,也反映了三大远程教育资源的重要性呈递减性。

9.3 实训项目

1. 因子分析实训项目

资料给出了 25 名健康人的 7 项生化检验结果，7 项生化检验指标依次命名为 X1 至 X7，请对该资料进行因子分析，如表 9-11 所示。

表 9-11 生化检验的结果

X1	X2	X3	X4	X5	X6	X7
3.76	3.66	0.54	5.28	9.77	13.74	4.78
8.59	4.99	1.34	10.02	7.5	10.16	2.13
6.22	6.14	4.52	9.84	2.17	2.73	1.09
7.57	7.28	7.07	12.66	1.79	2.1	0.82
9.03	7.08	2.59	11.76	4.54	6.22	1.28
5.51	3.98	1.3	6.92	5.33	7.3	2.4
3.27	0.62	0.44	3.36	7.63	8.84	8.39
8.74	7	3.31	11.68	3.53	4.76	1.12
9.64	9.49	1.03	13.57	13.13	18.52	2.35
9.73	1.33	1	9.87	9.87	11.06	3.7
8.59	2.98	1.17	9.17	7.85	9.91	2.62
7.12	5.49	3.68	9.72	2.64	3.43	1.19
4.69	3.01	2.17	5.98	2.76	3.55	2.01
5.51	1.34	1.27	5.81	4.57	5.38	3.43
1.66	1.61	1.57	2.8	1.78	2.09	3.72
5.9	5.76	1.55	8.84	5.4	7.5	1.97
9.84	9.27	1.51	13.6	9.02	12.67	1.75
8.39	4.92	2.54	10.05	3.96	5.24	1.43
4.94	4.38	1.03	6.68	6.49	9.06	2.81
7.23	2.3	1.77	7.79	4.39	5.37	2.27
9.46	7.31	1.04	12	11.58	16.18	2.42
9.55	5.35	4.25	11.74	2.77	3.51	1.05
4.94	4.52	4.5	8.07	1.79	2.1	1.29
8.21	3.08	2.42	9.1	3.75	4.66	1.72
9.41	6.44	5.11	12.5	2.45	3.1	0.91

2. 主成分分析实训项目

为了从总体上反映世界经济全球化的状况,现选择具有代表性的16个国家的数据,这些国家参与经济全球化程度的指标值如表 9-12 所示。试对其进行主成分分析。

表 9-12 全球化程度指标统计表

编号	1	2	3	4	5	6	7	8
国家	中国	印度	日本	韩国	新加坡	美国	加拿大	巴西
x1	3.205	1.449	14.079	1.318	0.275	29.641	2.056	2.434
x2	54.5	31.1	52.3	136.3	739.5	46.1	101.5	27.1
x3	28.53	0.279	0.653	1.011	3.572	3.682	0.898	1.584
x4	0.878	0.339	10.254	1.6	27.841	6.429	8.276	2.327
x5	1.409	0.272	11.769	0.42	0.884	20.563	2.313	0.962
x6	0.894	0.1	1.097	1.838	13.314	4.808	5.369	2.905
x7	11.6	2.7	0	1.3	28.6	5.4	10.5	6.8
x8	2.305	0.128	1.967	0.77	0.622	24.253	2.444	1.953
x9	0.547	0.193	1.3	0.78	0.143	29.941	5.145	2.3
x10	2.932	0.825	6.178	2.267	1.885	15.638	3.854	0.857
x11	4.818	2.318	14.746	23.32	169.772	10.784	34.691	4.716
x12	9.003	5.127	27.297	42.875	319.907	24.555	67.047	10.101
x13	2.7	0.6	30.9	9.1	54.2	13.6	15.1	6.7
x14	3.914	4	57.734	12.129	917.328	24.495	21.83	5.498
x15	1.472	0.218	15.125	0.452	0.718	21.274	1.362	1.104
编号	9	10	11	12	13	14	15	16
国家	墨西哥	英国	法国	德国	意大利	俄罗斯	澳大利亚	新西兰
x1	1.567	4.67	4.639	6.84	3.792	1.3	1.309	0.177
x2	151.4	118.4	120.6	132.9	104.5	58.6	94.5	110.5
x3	1.657	0.497	1.84	2.252	0.321	1.533	0.502	0.218
x4	2.837	26.151	9.242	9.558	8.153	1.499	5.773	7.374
x5	0.797	12.456	4.492	6.646	3.724	0.552	0.941	0.179
x6	1.471	22.137	10.848	7.747	1.059	0.499	1.987	3.04
x7	10.9	11.2	8.5	2.2	2.5	2.5	18.9	31.5
x8	0.67	16.552	8.282	8.589	0.77	0.31	0.527	0.126
x9	0.212	19.642	5.841	8.971	1.913	0.298	1.371	0.338

续表

编号	9	10	11	12	13	14	15	16
国家	墨西哥	英国	法国	德国	意大利	俄罗斯	澳大利亚	新西兰
x10	2.186	5.542	5.21	8.843	4.032	0.987	1.131	0.248
x11	18.485	28.434	28.46	32.121	22.869	7.77	15.745	23.221
x12	37.986	58.7	54.052	63.174	43.924	12.581	33.795	47.387
x13	4.5	66.1	29.2	36	27	1.1	13.2	19.8
x14	4.887	278.968	56.453	51.514	17.776	2.001	24.117	41.274
x15	0.468	11.289	8.889	12.18	5.678	0.469	0.797	0.215

参 考 文 献

[1] 卢纹岱. SPSS 统计分析[M]. 北京：电子工业出版社，2003.
[2] 宋志刚，谢蕾蕾，何旭洪. SPSS16 实用教材[M]. 北京：人民邮电出版社，2008.
[3] 薛薇. SPSS 统计分析方法及应用[M]. 北京：电子工业出版社，2017.
[4] 周玉敏，邓维斌. SPSS16 与统计数据分析[M]. 成都：西南财经大学出版社，2009.
[5] 李昕. SPSS 22.0 统计分析从入门到精通[M]. 北京：电子工业出版社，2015.
[6] 何晓群. 多元统计分析[M]. 北京：中国人民大学出版社，2004.
[7] 张文彤，邝春伟. SPSS 统计分析基础教程[M]. 北京：高等教育出版社，2011.
[8] 贾俊平. 统计学——基于 SPSS [M]. 北京：中国人民大学出版社，2016.
[9] [德]克劳斯·巴克豪斯等. 多元统计分析方法：用 SPSS 工具[M]. 上海：格致出版社，2017.
[10] 王保进. 多变量分析统计软件与数据分析[M]. 北京：北京大学出版社，2007.